Viva Favela!

JOAQUIM MELO

Colaboração de Élodie Bécu e Carlos de Freitas

Viva Favela!

Quando os pobres assumem seu próprio destino

DIREÇÃO EDITORIAL:
Marcelo C. Araújo

COMISSÃO EDITORIAL::
Avelino Grassi
Edvaldo Araújo
Márcio Fabri

TRADUÇÃO:
Jaime A. Clasen

COPIDESQUE:
Luana Galvão

REVISÃO:
Leila Cristina Dinis Fernandes

DIAGRAMAÇÃO E CAPA:
Mauricio Pereira

Título original: *Viva Favela! – Quand les démunis prennet leur destin em main*
© Michel Lafon Publishing, 2009

Todos os direitos em língua portuguesa, para o Brasil,
reservados à Editora Ideias & Letras, 2014.

Rua Diana, 592, Conj. 121
Vila Pompeia – São Paulo-SP
CEP 05019-000
Fone: (11) 3675-1319
vendas@ideiaseletras.com.br
www.ideiaseletras.com.br

Dados Internacionais de Catalogação na Publicação (CIP)
(Câmara Brasileira do Livro, SP, Brasil)

Melo, Joaquim
Viva favela! Quando os pobres assumem seu próprio destino / Joaquim Melo; colaboração de Élodie Bécu e Carlos de Freitas. – São Paulo: Ideias & Letras, 2014.

ISBN 978-85-65893-30-5

1. Banco de Palmas – História 2. Bancos comunitários – Brasil – História 3. Conjunto Palmeiras (Fortaleza, CE) – História 4. Favelas – Brasil 5. Histórias de vida I. Bécu, Élodie. II. Freitas, Carlos de. III. Título.

13-03907   CDD-307.336

Índices para catálogo sistemático:

1. Comunidade Conjunto Palmeiras: Brasil:
Fortaleza: Cidade: Bancos comunitários: História:
Luta contra a pobreza: Sociologia 307.336

*A Sandra Magalhães,
cofundadora do Banco Palmas e
construtora da Economia Solidária em todo
o planeta Terra!
Guerreira iluminada que tanto nos ensinou!
Grande companheira de luta e esposa
com quem tive o privilégio de viver amorosamente
os últimos 23 anos.*

Falecida em 14 de junho de 2013.

Aos moradores do Conjunto Palmeiras.

UMA PALAVRA SOBRE O VIVA FAVELA
Por Rose Marie Muraro

Li este livro há uns quatro anos quando Joaquim de Melo me mandou. Estava todo escrito em francês! Achei tão maravilhoso que não pude parar de ler. Tenho como missão encontrar uma editora no Brasil para ele e pensei imediatamente na Ideias & Letras. Embora se passasse no Brasil, ele foi descoberto pelos franceses.

Hoje estou parcialmente cega. Não posso mais ler, mas nenhuma palavra do livro ficou esquecida. Este não é um livro, é uma saga de quem por amor a Deus foi morar em um lixão, depois foi para uma favela infecta e após muitas peripécias conseguiu transformá-la em um bairro de classe média baixa, ecológico e todo de alvenaria. Depois, angustiado pela extrema pobreza da população, inventou, sem ter conhecimento de nada que se passava no mundo, a primeira *moeda complementar* do Brasil feita para mediar o escambo dos muito pobres.

Eu diria que o livro foi feito nos braços da compaixão de Deus, pois de infecta favela, com altíssimo índice de mortalidade infantil, é hoje um subúrbio de Fortaleza onde todos são solidários com todos. Assim Joaquim de Melo inaugurou, sem saber, mas desejando muito, uma nova forma de viver. E o pequeno banco, que ele criou em uma sala de nove metros quadrados, transformou-se em muitos outros pelo Brasil inteiro, tornando nosso país um exemplo para o mundo de como se trata a miséria absoluta.

Eu poderia descrever o livro, que é muito complexo, mas muito simples de ler. Porém não vale a pena. Você vai ler e descobrir por si mesmo a emoção que o livro passa. Este é um livro seminal, e, como tudo o que é uma semente, pode transformar-se em uma grande árvore. Espero que a leitura deste livro traga muito mais bancos dos pobres, porque tenho certeza de que todos nós, que temos esperança e vivemos nela, seremos saciados.

Rose Marie Muraro
Escritora e editora, já lançou mais de 35 livros.
Pela Ideias & Letras publicou
"Reinventando o capiltal/dinheiro".

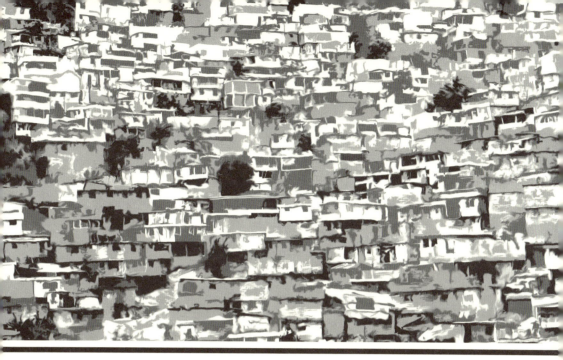

PREFÁCIO

Páscoa de 2009. A pintura está um pouco passada, as cores desbotadas, mas nosso logotipo se mostra com toda a dignidade. Em maio de 2008 desenhamos nos muros do bairro essa palmeira verde e branca para celebrar nosso décimo aniversário. Quando um visitante entra no Conjunto Palmeiras, sabe que penetra em um espaço à parte.

Apesar das ruas esburacadas, das casas muito modestas e da pobreza, nossa comunidade tem uma história da qual pode orgulhar-se, uma caminhada admirável. Em 1998, criamos o primeiro banco comunitário do Brasil, uma arma adequada para lutar contra a pobreza.

Começamos do nada. Há trinta anos, o Conjunto Palmeiras era apenas um terreno baldio onde a prefeitura de Fortaleza realocara à força famílias expulsas do litoral turístico, a fim de construir hotéis novos.

Quando cheguei, em 1984, descobri aí uma favela, abandonada a si mesma, sem acesso à água nem à eletricidade. Aí deixei minha bagagem de aprendiz de padre e fiquei como simples morador, lutando dia após dia ao lado dos outros por dias melhores.

Lutamos para conseguir condições de vida decentes. Construímos nosso bairro com o suor de nossos rostos, substituindo as ruas de lama por ruas saneadas e os barracos de barro por casas de "material".

Em seguida, abrimos outra frente. Ao criar o Banco Palmas, inventamos um novo meio de combate à pobreza, embora isso fizesse as autoridades rirem e os mais pessimistas não nos derem mais de seis meses de vida.

Hoje, nós provamos a eles que nossa aposta era viável: depois de dez anos de existência, temos um portfólio de crédito de mais de um milhão de reais, graças a uma parceria com o Banco Popular do Brasil, criado pelo ex-presidente Lula.

Nosso banco, que os jornais apelidaram de "o banco da favela", sustenta o dia a dia dos mais pobres, ao propor a eles pequenos empréstimos não só para criar sua atividade, mas também para o consumo. Nossa ideia é construir, ao mesmo tempo, a oferta e a procura, para insuflar a riqueza em nosso bairro pobre. Pois de que serve criar empresas se ninguém está em condições de comprar o que elas produzem?

O instrumento dessa "realocação" da economia é um pequeno bilhete de papel, o palmas, nossa moeda local.

Fora do Conjunto Palmeiras, ela não tem valor, mas aqui vale um real, a moeda nacional brasileira, e permite fazer compras em mais de 200 lojas.

Hoje nosso modelo é exportado para fora do Conjunto Palmeiras: 46 bancos comunitários foram criados no Brasil e mais de 3.000 na Venezuela. Soubemos encontrar uma pista para lutar contra a pobreza baseando-nos, antes de tudo, na solidariedade. Nossa filosofia é não deixar ninguém à beira da estrada.

A história dessa aventura está inscrita em minha carne. Aos 47 anos, passei mais da metade de minha vida aqui. Foi neste bairro que enterrei minhas raízes.

Gosto dos momentos, como no dia de Páscoa, em que nos encontramos todos juntos. Na sala estão Marinete e Abiqueila. Marinete é uma das primeiras moradoras do bairro. Ela participou de todas as lutas, e se você fizer uma pergunta a ela, por horas a fio ela pode fazer discursos inflamados. Abiqueila tem 19 anos, está entre os mais jovens de nossa associação. Com suas companheiras, ela ri quando digo a elas que são "as Marinetes do futuro". Embora isso as faça rir, é disto que tenho mais orgulho em nossa história, a saber, a transmissão entre as gerações. Hoje, Abiqueila está na frente econômica, trabalhando no Banco Palmas, enquanto Marinete fazia manifestações contra as autoridades por melhores condições de vida. Seu envolvimento é diferente, mas a meta é a mesma: defender nossa dignidade.

Para que Abiqueila, Jaqueline, Adriano... perpetuem o espírito tão particular do Conjunto Palmeiras, é preciso compartilhar nossa história. Bem depressa, essas assembleias, nas quais todas as gerações estão reunidas, não poderão mais se realizar. Não poderemos mais fazer com que os jovens e os velhos sentem-se lado a lado, pois o tempo passa, inexoravelmente, e cava em nossas fileiras buracos dolorosos. A ausência começa a se fazer sentir. Um dia, a morte nos tirará as testemunhas "históricas", cuja palavra é necessária para avançar. Manoel Evangelista, o poeta do Conjunto Palmeiras, que imortalizava em seus versos cada grande acontecimento da favela, acaba de ser acometido por um acidente vascular cerebral. Por trás de seus olhos suaves, as lembranças se obscurecem. Maria do Socorro Serpa, a primeira professora que ensinou as crianças das ruas a ler, levou também um choque que paralisa seu raciocínio. Ela se desculpa, muitas vezes, atrás de seus grandes óculos, por não poder contar os detalhes de sua história, guardando, no fundo dela, apenas a certeza de ter vivido momentos extraordinários...

Antes que esses pilares de nossa aventura desapareçam, é importante, para mim, escrever sua história, perpetuar sua caminhada enquanto ainda estão aí, para que o movimento possa continuar.

Eis por que escrevo hoje o relato de minha vida, que se mistura estreitamente com a vida do Conjunto Palmeiras, uma favela que se tornou um verdadeiro bairro, aonde cheguei como seminarista e onde fiquei porque tinha fé em seus moradores.

Quando cheguei à favela, em meados da década de 1980, o bairro era apenas uma *no man's land,* sem rede de água, de eletricidade ou de transporte, e também não havia coleta de lixo, nem saneamento. Nós lutamos para conseguir condições decentes de vida.

(foto: Jornal *O Povo* / Maria Rosa, 4/3/1986)

Primeira Parte

SEMINARISTA NA FAVELA

1
UM JOVEM SEMINARISTA REBELDE

Sempre fui um seminarista rebelde. Sempre levantei mil questões, discuti o dogma, explorei outros caminhos. Um pé na teologia, o outro na contestação. Meus primeiros passos no seminário datam de 1979, mas foi só quatro anos mais tarde que, junto com os coletores de material reciclável, encontrei minha verdadeira vocação.

Havia em Fortaleza, no início dos anos 1980, um aterro sanitário – o Lixão – onde se derramavam todos os dejetos da cidade. O lugar, a Rampa do Jangurussu, verdadeira montanha de lixo, tinha um nome evocador, mas quase poético em relação ao horror que se enfrentava ao ir ao local.

Eu fora enviado como seminarista a esse monte de lixo com a idade de 21 anos, e essa experiência marcou-me pelo resto de minha vida. Minha primeira impressão, ao pôr os pés no Jangurussu, foi que o inferno descera à terra.

As imagens do Apocalipse, aquelas que evocamos em nossos piores pesadelos, constituíam a realidade cotidiana. Eu via homens e mulheres, no meio dos dejetos, dormirem sobre matéria em decomposição, insensíveis aos urubus empoleirados sobre seus corpos e ao cheiro pestilento que enchia as narinas de dia e de noite.

Em 1983, 80 pessoas viviam permanentemente na montanha de lixo, e durante o dia a população podia passar de 200 pessoas. O Lixão situa-se na fronteira da humanidade. Às vezes, é difícil distinguir o humano do animal e do orgânico.

A vida é ritmada pela chegada dos caminhões de lixo, que esvaziam sua coleta do dia sobre o monte de várias dezenas de metros de podridão. As caçambas descarregam restos de alimentos. Mas passam também pelos hospitais e pelos necrotérios da cidade. Descarregam, no monte de dejetos, oferendas mórbidas. Às vezes, um braço humano ou seringas misturam-se aos legumes, às frutas avariadas ou aos plásticos sujos com os restos de carne.

Quando o caminhão chega, uma multidão precipita-se para recuperar o que pode ser recuperado na maré de restos. Cada um por si. É uma mistura sem nome. Os moradores do lixão comem alimentos embolorados, vestem-se com pedaços de roupa, recuperam os mínimos restos aproveitáveis. Alguns organizaram um pequeno comércio de alimentos onde vendem produtos estragados que conseguiram recolher: carne, frutas ou legumes.

O dia a dia é uma mistura de sofrimento e de violência. As pessoas vivem no meio dos ratos e das aves de rapina. As cabanas construídas no aterro sanitário, às vezes, pegam fogo por causa da explosão de metano, gás formado pela desagregação da sujeira.

Tenho 21 anos e não fui preparado para enfrentar esse choque. No entanto, fui voluntário para assumir essa missão. Abandonei minha família e meus amigos, que vivem em Belém, em outro estado do Brasil, para tentar uma experiência nova: ser padre nas favelas.

Vim para realizar um ideal. Agora é preciso enfrentar o choque da realidade, pois meu temperamento não resiste ao horror do dia a dia, e é preciso que meu espírito resista à violência dessa injustiça.

Choro muitas vezes. As lágrimas correm sozinhas, sem que eu possa pará-las. Não lamento minha sorte, nesses instantes, choro pela humanidade. Não consigo compreender como tal mundo é possível. Nada pode medir a amplidão da miséria que cada dia afunda um pouco mais as pessoas daqui na angústia.

Em Belém, minha família não era muito rica: meu pai recebia uma pensão de invalidez, minha mãe era dona de casa, e vivíamos em um bairro bastante pobre. Mas nunca pude imaginar que existisse, em meu país, uma dor tal.

Eu tinha 17 anos quando entrei no seminário, quatro anos antes de chegar ao Lixão, incentivado por minha avó. Não ouvi vozes nem tive visão. Segui a trajetória clássica do ajudante do altar, que entra pelo ritual – fascinado todos os domingos pela mirta, pelo incenso e pelos hábitos brancos – e prossegue para o espiritual. No Brasil, nos anos 1970, sob a ditadura militar, a Igreja é o único espaço que oferece uma formação intelectual e uma possibilidade de expressão para os jovens dos bairros pobres.

Minha avó, que achava que eu era inteligente, animou-me com todas as suas forças nesse caminho. Ela manobrou para que meus pais se casassem no religioso – não estavam unidos perante Deus —, a fim de que eu obtivesse a autorização para integrar a formação!

Entrei no seminário em 1979 e fiquei impressionado pelo prédio imenso e elegante. Nossas salas de aula ficavam ao lado de um campo de futebol, uma horta e um pomar. Na capela cabem até 150 pessoas.

Somos 70 seminaristas e passamos vinte e quatro horas por dia estudando teologia, filosofia e liturgia. Nosso único dia autorizado para sair é o domingo. Esse não é um dia de descanso. O seminário nos libera para irmos ajudar os padres das paróquias onde vivem nossos pais.

Tudo se altera para mim quando meus pais se mudam. Em 1981, eles saem de Marambaia, no subúrbio de Belém, para a Cidade Nova, alguns quilômetros mais longe. Fui designado como reforço, na nova igreja deles, para a missa dominical.

Fiquei conhecendo os padres Cid e Nonato, que me receberam de braços abertos. As carências da paróquia são muitas, e eles estão felizes por receber uma ajuda de um jovem aprendiz; porque além das atividades clássicas – os tradicionais batizados, missas, enterros... – que dão o ritmo dos domingos, os dois padres têm várias outras atividades.

Eles são "monges-soldados" que lutam contra a pobreza. Para eles, Jesus não poderia aceitar a miséria dos homens. E as orações não devem ficar apenas nas palavras. Pensam que os pobres devem organizar-se para melhorar suas condições de vida e que a Igreja pode ajudá-los nisso. Criam, na paróquia, uma comunidade eclesial de base (CEB). Cada semana, os fiéis reúnem-se para compartilhar suas preocupações cotidianas, materiais ou afetivas. Homens e mulheres falam dos transportes que não funcionam, de um patrão que não paga ou de um filho que tem dificuldades com a justiça. Cada um toma a palavra na sua vez, e a assembleia dá conselhos uns aos outros ou se mobiliza para resolver o problema.

Na época, no Brasil, os sindicatos e as associações estão amordaçados. Tudo é proibido pela ditadura. Mas há um local onde os uniformes dos militares não aparecem: nas igrejas e em suas salas paroquiais. Dentro dos locais de culto há duas escolas. A clássica, a do seminário, ligada ao respeito pela tradição e às orações. E a de Cid e de Nonato, que apela para uma organização do povo por ele mesmo. Para mim, é uma revelação. Sinto que aqui as coisas acontecem segundo princípios que me parecem justos. Percebo também um vento de liberdade na palavra e de vontade na ação.

Meu encontro com os dois padres é meu primeiro contato com as ideias da "teologia da libertação", esse movimento da Igreja católica que propõe uma nova leitura da Bíblia, inspirada por uma abordagem política. É ao mesmo tempo um movimento social, religioso e teológico. É também uma leitura marxista da Bíblia. Uma curiosa mistura de gêneros que parece improvável, e abre para mim novos horizontes cheios de esperança.

Eu me envolvo plenamente na paróquia da Cidade Nova animando o grupo de jovens cristãos de minha idade. Começo então uma espécie de "vida dupla". Aluno modelo de dia, subo pouco a pouco os degraus da formação sacerdotal tradicional, à medida que passo nos exames de teologia. Mas de noite devoro, em minha pequena cela, os livros de Leonardo Boff, que explica como transformar os pobres em atores de sua libertação e defende o princípio de uma "opção preferencial pelos pobres". E, cada domingo, volto à Cidade Nova, onde animo nossa paróquia com outra visão da Igreja.

Faço minha primeira experiência daquilo que se chama, aqui, de "líder comunitário": tomo gosto por me exprimir em público, animar reuniões, prever ações de protesto contra os problemas de transporte coletivo ou por causas mais arriscadas. Meu primeiro ativismo vai logo além das simples questões práticas. Vivemos tempos atormentados. A paróquia organiza uma resistência à ditadura e um apoio àqueles que ela persegue, prende e tortura.

Uma luta mobiliza toda a nossa energia: em 1981, dois padres franceses, Aristides Camio e Francisco Goriou, foram presos por sua ação em favor dos camponeses sem terra em São Geraldo do Araguaia. Nós fundamos um comitê de apoio para ir à ajuda deles. O movimento tem uma expressão pública – missas e protestos públicos são organizados por todo o país – e uma coordenação clandestina.

Eu participo da segunda. Gosto de estar envolvido nesse movimento, refletir na estratégia e inflamar-me durante as discussões que duram horas. Há até um problema de uso do tempo: as reuniões realizam-se segunda-feira à noite...

Todas as semanas, sou obrigado a inventar uma desculpa para deixar o seminário. Em uma vez, o pretexto é que alguém de minha família está doente. Em outra, que eu estou doente e preciso ir ao médico. E quando essas desculpas tornam-se um tanto exageradas, vou simplesmente sem permissão.

O exercício é acrobático. Eu me informo sobre as horas em que os vigias se revezam. Espero a mudança de posto. Uma olhada para a direita, uma olhada para a esquerda, e saio pela tangente. Ou dou um jeito de desviar a atenção deles e sair de mansinho para encontrar meus amigos na reunião. O estresse mistura-se com a adrenalina e a alegria ainda adolescente de transpor o obstáculo sem problemas.

O seminário nada sabe de meu engajamento político. Mas chega o momento em que não posso mais esconder: começamos a participar das manifestações públicas. Um jovem seminarista que tira rapidamente sua batina, em um dia de Círio de Nazaré, a mais importante procissão religiosa do Brasil, deixa marca... Sobretudo quando ele vai juntar-se a um grupo de protesto, à margem da procissão, para agitar cartazes, quando acaba de desfilar com grande pompa com os oficiais!

No primeiro dia do processo dos dois padres franceses, é organizada uma grande manifestação. Eu ainda me lembro hoje dos helicópteros que riscavam o céu e das forças policiais que patrulhavam o solo. O dispositivo de segurança diante do tribunal é impressionante. Os militares não querem nenhum barulho, nenhum protesto no julgamento dos prisioneiros do Araguaia. Nós sabíamos que era arriscado, mas decidimos manifestar-nos mesmo assim. A luta dos sem-terra no Brasil é, já na época, um desafio fundamental e emblemático do combate pela democracia.

Nesse dia, visto minha batina, meu hábito de seminarista. Com meus amigos, dizíamos que isso desestabilizaria, talvez, por um instante, os guardas da ordem. Eles respeitam a Igreja. Essa esperança conjura um pouco o medo.

Nós estamos inflamados e certos de nosso combate. Mas também aterrorizados. Desde 1964 os militares matam e torturam seus oponentes. Opor-se ao poder é correr o risco de ter a mesma sorte, ainda que o regime se enfraqueça.

Estou com medo. Mas crio coragem com meus companheiros. Somos jovens, somos idealistas e estamos prontos para ir à luta. Há também um pouco de excitação em enfrentar o perigo, quando se sabe que se é levado por uma causa justa.

Precisávamos de certeza para não entrar em pânico quando virmos cair sobre nós um exército de capacetes e de cassetetes. Da coragem também. Somos 300 manifestantes e marchamos em fileiras cerradas para formar um grupo concentrado diante dos uniformes. O choque é violento. O assalto em massa dos policiais armados nos obriga a dar meia-volta. Eu me lembro de ter tido muito medo, eu me lembro dos gritos... e me lembro também da reclusão.

Nós nos refugiamos na igreja mais próxima. As forças da ordem cercam o prédio e gritam nos alto-falantes que o primeiro que sair vai para a prisão. Estamos acuados no interior da igreja, como ratos. As autoridades fecham a armadilha cortando a água e a luz da igreja. São 8 horas e 30 minutos da manhã.

O processo dos prisioneiros do Araguaia começa no tribunal, a alguns metros de distância de nossa prisão improvisada, sem ser perturbado pelos protestos dos militantes dos direitos humanos. Os dois padres franceses ouvem sua acusação – incitação à luta pela violência –, as testemunhas de acusação e, no final, conhecerão o vereditto – quinze e dez anos de prisão, com base na nova lei de segurança nacional – sem perceber o mínimo eco do apoio que nós lhes dávamos.

E nós, 300 homens e mulheres retidos no interior da igreja, à medida que as horas passam, somos tomados pela fome, pela sede... e pela vontade de ir ao banheiro, sem ter a possibilidade de satisfazer nenhuma dessas necessidades. Horas de humilhação que transformam o medo em revolta e forjam uma mentalidade de resistente.

Devemos nossa libertação apenas à intervenção do arcebispo dom Vicente Joaquim Zico. A Igreja, já há longos meses, denuncia a sorte que está reservada aos padres. Pelas 22 horas, uma vez feita a justiça dos militares e levados os condenados para suas celas, vozes nos dão a ordem de sair. Policiais nos metem em carros militares, que rodam por 800 metros, antes de nos desembarcar no meio do nada... mas bem longe do tribunal.

A ajuda prestada por meus superiores hierárquicos, em lutas comuns como a dos padres do Araguaia, não significa que eles afiançam meu ativismo em favor da teologia da libertação. Regularmente, meu militantismo me leva a ser convocado ao escritório do arcebispo.

— O senhor se dá conta, Joaquim, que sua atitude não é digna de um futuro padre? O senhor percebe que suas atividades não podem ser a de um seminarista? — Ele me perguntou. Um ministro do culto não deve comportar-se assim! Joaquim, o senhor está fora do caminho reto...

Eu ponho a carapuça.

— Joaquim, o senhor me desespera... O senhor é um homem inteligente e, no entanto, passa o tempo passando por cima do regime, argumentando contra os professores, reunindo os amigos para agitar as ideias comunistas... Joaquim, o que vai ser do senhor?

Ele se desconsola, mas nunca me ameaça. É um homem muito conservador, mas é um homem bom. Não compartilhamos as mesmas ideais, apenas isso. Penso que, secretamente, lá no fundo, ele espera que eu desanime, que eu renuncie. Com os olhos fixos no chão, não preciso ver seu rosto para adivinhar seus pensamentos: "Esse rapaz não foi feito para ser padre. Ele vai acabar percebendo isto e, espero, renunciará a sua vocação..."

Eu me fixo no chão. Sou teimoso. Não me deixo desmoralizar por essas conversas, pois persigo um sonho, para o qual caminho pacientemente: tornar-me o padre de minha paróquia da Cidade Nova e continuar o trabalho dos padres Cid e Nonato.

Então presto atenção em respeitar as regras do aprendizado, que são as mesmas para todos. Como meus estudos vão bem e respeito a liturgia ao pé da letra, os formadores não podem censurar-me exatamente de nada. Apenas tentar desencorajar-me. Assim transponho as diferentes etapas de minha formação teológica sem choques administrativos.

Até quando uma decisão da hierarquia vem questionar tudo...

2
A RUPTURA

Saí de Belém devido a um mal-entendido que mudou radicalmente o curso de minha vida. Um dia, fico sabendo que meus dois melhores amigos acabavam de ser expulsos do seminário. Não foi dado nenhum motivo para a partida deles. O anúncio foi feito muito oficialmente, sem comentários, na hora do jantar, no refeitório. Como uma informação entre outras que regulam a comunidade dos futuros padres.

Para mim, esse anúncio tem o efeito fulminante. Fico paralisado pelo choque. Meu coração para de bater, depois recomeça a cem por hora. Em minha cabeça, a surpresa mistura-se com a cólera, o desconcerto cede o lugar para a angústia, e a incredulidade mal deixa meu raciocínio claro bastante para compreender qualquer coisa.

Eu nem sequer pude falar com meus amigos, que devem também ter ficado sabendo da novidade no último momento. Seus quartos estão esvaziados de todos os seus pertences pessoais. Não há mais nenhum vestígio de suas passagens pelo seminário. Como se a intenção fosse apagar até a existência dos dois rapazes.

João Brabo e Aldeci eram mais do que amigos para mim. Eram também companheiros de pensamento e de luta. No seminário, éramos um grupo de sete, oito "rebeldes" que questionávamos a doutrina clássica, uma pequena ilha de teólogos da libertação em um oceano de padres conservadores. Nos últimos tempos, nossas ideias encontravam eco em cada vez mais pessoas. Nós afirmávamos muito as nossas posições, empurrávamos nossos professores para suas trincheiras teóricas, com o apoio de citações e argumentos filosóficos. Éramos levados por um movimento que ultrapassava nossos muros. Em nossa diocese, cada vez mais líderes espirituais aderem aos princípios da teologia da libertação, em um movimento de rejeição da ditadura, de seu poder autoritário e de suas críticas do papel da Igreja, que acolhe as aspirações a mais liberdade.

Eu me convenci de que começávamos a ficar muito visíveis para nossa hierarquia e perigosos demais para um seminário que forma os futuros quadros da vida eclesiástica. Sem contar o nervosismo que suscitávamos naqueles que nos consideravam como insuportáveis esquerdistas que não têm fé!

Peço uma entrevista com o arcebispo para confirmar minha intuição. Para mim é uma questão de honra e de justiça. Não posso abandonar meus amigos à própria sorte. Ponho também em jogo minha cabeça, porque, se foram despedidos por razão política, corro o risco de ser o próximo da lista. E não quero renunciar nem a minha amizade por eles nem a minhas ideias.

Dom Zico pede para eu ser razoável e não me alterar. Garante-me que essa decisão nada tem de ideológico, que a expulsão deles é um assunto privado. Pede-me que acredite em sua palavra, sem me dar mais informações concretas. Suas palavras não me parecem pesadas comparadas com a oposição que nosso ativismo militante encontra cada vez mais.

A conversa terminou rápida. Mas não me convenceu. Estou persuadido que a Igreja procura desembaraçar-se de nós. Só fiquei sabendo a verdade desse caso alguns anos mais tarde e que a versão do arcebispo era, afinal, a certa.

No momento, estou diante de um dilema terrível. Eu me viro e reviro em minha cama estreita com lençóis ásperos, esperando encontrar nesse movimento repetitivo uma resposta. Posso ficar no seminário e renunciar a minhas escolhas. Esta opção, se não me parece satisfatória, pelo menos é tentadora: meu sonho continua ser padre da Cidade Nova. Calculando bem, falta apenas um ano de formação para ser ordenado diácono, a última etapa antes do sacerdócio.

Segunda possibilidade: fico sem renunciar. Mas corro o risco de ser também eu expulso e abandonar meus amigos à própria sorte. Última solução: saio; a demissão é menos infamante que a expulsão e permite que eu permaneça coerente com meus ideais. Tenho uma porta de saída, que implica um sacrifício doloroso. Ao bater a porta do seminário, renuncio a ser ordenado padre no Pará, e não tenho mais nenhuma chance de ser o pároco da Cidade Nova.

Em vez de ficar em minha cama remoendo-me, vou bater à porta da casa que fica ao lado do seminário. Ela acolhe uma congregação de religiosas que são também amigas. Muitas vezes os futuros padres e as irmãs nos reuníamos para discutir, como vizinhos que éramos.

Foi a Irmã Luzia quem abriu a porta para mim. Essa irmã é uma mulher que tem uma energia incrível. Passa a vida entre Belém e Fortaleza, capital do Estado do Ceará. Estudou sociologia, lê Leonardo Boff, admira Frei Betto, outra figura da teologia da libertação, e está muito engajada na luta contra a pobreza.

Ela já tinha me falado do arcebispo de Fortaleza, o cardeal dom Aloísio Lorscheider. Esse homem de 60 anos fora nomeado para essa diocese há dez anos e propusera-se uma missão: quer ser o arcebispo dos pobres. Em torno dele se organiza um pequeno grupo de padres e de religiosas engajados que desejam realizar um programa experimental para aproximar a Igreja das comunidades mais pobres. Sua ideia de experimentar de maneira concreta os princípios da teologia da libertação, como fez outro arcebispo comprometido contra a ditadura, dom Helder Câmara, só poderia seduzir-me, sobretudo, nesse momento preciso de minha vida.

Explico minha situação à Irmã Luzia e pergunto a ela se dom Aloísio Lorscheider aceitaria estudar minha candidatura. Pelo olhar dela adivinho que tenho o perfil: jovem, motivado, idealista — exaltado, até se poderia dizer agora, olhando para trás —, e já tenho treinamento em uma paróquia. Ela promete falar de mim ao cardeal. E mantém a palavra. Esse encontro orienta meu futuro de maneira decisiva, como, em seguida, outros homens e mulheres, que encontrarei em meu caminho, ajudar-me-ão a crescer e a construir minha maneira de pensar. Alguns dias mais tarde, o cardeal dá o sinal verde.

Falta anunciar a novidade a minha futura paróquia. Em novembro, organizamos uma missa. O momento está repleto de emoção. Estou com a garganta engasgada. Oficiando atrás do altar para a celebração dominical, olho a assembleia dos fiéis. Conheço cada um desses rostos, conheço suas famílias, conheço seus problemas e conheço suas esperanças. Sou o guardião de seus segredos e o porta-voz de suas dores. Essa cerimônia tem um sabor amargo. Cada palavra do Padre Cid, cada oração da assembleia, cada canto têm um gosto de adeus inexorável.

No final da cerimônia, dou alguns passos em frente. É o momento em que devo anunciar tudo a eles e tenho o coração despedaçado.

— Meus amigos — disse eu — com voz hesitante, febril. Esta missa foi para mim a última com vocês.

Vozes se levantam no silêncio fazendo ouvir um murmúrio de incompreensão. Na semana anterior, o Padre Nonato já anunciara sua partida em uma cerimônia idêntica. Ele deixa a Igreja porque vai casar-se. Em alguns dias os fiéis perdem dois de seus padres. A surpresa que eles exprimem acrescenta mal-estar a minha tristeza.

— Não vos deixo por escolha — tento continuar, apesar da emoção. Ao contrário, eu vos deixo porque não tenho escolha. Se eu quiser continuar a viver segundo nossos princípios, princípios em que cremos aqui, uma Igreja mais próxima dos pobres, devo deixar o seminário de Belém e ir para outra diocese, para Fortaleza.

A cerimônia termina com abraços e a promessa de que voltarei regularmente para vê-los.

Eu me despeço de minha mãe, minha irmã e meu irmão. Meu pai não está mais lá para assistir a minha partida. Depressivo e alcoólico, ele se suicidara no ano anterior com um tiro na cabeça. Arrumo minha parca bagagem, antes de deixar tudo — minha família, meus amigos, minhas atividades militantes, minha vida de paróquia — para partir, com o coração pesado, rumo ao desconhecido.

3
PADRES DA FAVELA

Um rato corre debaixo da mesa. Em torno de minha cadeira, as moscas vão e vêm em um zumbido ensurdecedor. Preparei arroz e feijão. Com o dinheiro que o seminário nos dá todos os meses, uma modesta pensão, menos de um salário mínimo, hoje, temos a impressão de nadar em dinheiro em comparação com os outros moradores da lixeira.

Nosso soldo nos permite comprar alimento e mudar nossos hábitos quando se tornam gastos demais. Mas nada permite lutar contra o fedor permanente, os bichos que invadem a sujeira e o chão mole de decomposição debaixo de meus passos.

O monte de insetos em torno de minha cadeira mistura-se com o cheiro de podridão. Foi inútil comprar alimentos "frescos", pois não consigo distinguir, a cada bocada, se o que como está bom ou estragado, se o que tenho na boca está podre ou não. Meu olfato predomina sobre meus outros sentidos.

No Lixão, os dejetos invadem tudo, até aquilo do que se tenta protegê-los. Estou mergulhado em um monte de merda dia e noite, com exceção da tarde, quando vou ao seminário de Fortaleza para seguir minha formação teórica.

Faz alguns meses que cheguei a Fortaleza. É uma cidade imensa onde eu me teria perdido, sozinho com minha mala de madeira, se a Irmã Luzia não tivesse ido me buscar depois das vinte e quatro horas de ônibus que gastei desde Belém. Minha ex-vizinha do seminário hospeda-me durante alguns dias, antes que eu descubra a missão que dom Aloísio Lorscheider me destinou.

O santo homem decidiu mandar-me viver na montanha de lixo com dois outros seminaristas. Para testar nossa fé idealista, ele nos coloca junto dos mais pobres entre os pobres.

"Padre da favela" é uma experiência informal. Ela parte do princípio que os futuros eclesiásticos são desligados do mundo durante sua formação no seminário, torre de marfim que os faz ter contato com as altas ideias do céu, mas os isola da miséria dos mais pobres. O objetivo de Aloísio Lorscheider é inaugurar um novo tipo de curso: os futuros padres morarão nas favelas para compreender a realidade cotidiana dos pobres e estudarão durante o dia no seminário para dominar todas as ferramentas filosóficas, teológicas e litúrgicas necessárias para o exercício de seu sacerdócio. Esse dispositivo faz eco ao criado em Recife por dom Helder Câmara.

Com meus dois companheiros, moramos em uma modesta cabana de palha e barro, erguida no sopé do monte de sujeira. Nós não somos padres diferentes, não somos "superseminaristas". Apenas aprendizes de ministros do culto que vivem no meio dos mais pobres. Nossas missões na montanha de dejetos são múltiplas.

Nós celebramos os ofícios religiosos, administramos os sacramentos. Acolhemos as famílias que nos compartilham suas dificuldades. Agimos também como intermediários entre a polícia, que, regularmente, desembarca com força no meio das barracas improvisadas, interpelando um ou outro por delitos que cometeram na cidade. Fazemos o possível para que alguns tenham acesso aos serviços de um advogado, a fim de limitar o dano.

Agimos no dia a dia sem perder de vista os princípios da teologia da libertação: dar os meios aos mais pobres para se organizarem, a fim de ter acesso a melhores condições de vida. Nossa primeira ideia é realizar uma triagem de dejetos. Se uma coleta eficaz é organizada, talvez os habitantes consigam revender certos materiais para reciclar. Esta poderia ser uma fonte de renda e um meio para eles se elevarem um pouco na escala social.

Mas é particularmente difícil lidar com a população do vazadouro. Essas famílias têm seu ritmo próprio. Vêm a um encontro e depois desaparecem para sempre. É difícil designar um responsável de grupo, porque a maioria das pessoas passa os dias nos vapores da embriaguez. É impossível criar uma associação. Com um presidente louco à frente, ninguém sabe a direção que ela poderia tomar... Minhas referências estão completamente embaralhadas. A teoria resiste mal à provação dessa realidade de fim do mundo. Tudo o que aprendi na Cidade Nova não é um modelo que se transponha imediatamente para um vazadouro em que as pessoas estão inteiramente dissocializadas. Eu luto, às vezes tenho fome, também tenho medo.

De noite, para os ofícios noturnos, redobramos a prudência. Somos respeitados como seminaristas, pois viemos em ajuda da comunidade. Mas ninguém está isento dos atos de violência isolados que ocorrem diariamente. Aqui, o álcool e a droga causam ruína. E os homens e as mulheres sob o domínio desses venenos não têm mais controle sobre si mesmos. São capazes de tudo. Estabelecemos entre nós regras de sobrevivência. Depois do pôr do sol, se vemos alguém sob a influência do álcool ou da droga, damos um jeito de evitá-lo e fazer um desvio. Todos os dias, o perigo está presente. Mas somos voluntários para essa experiência e assumimos os riscos. O maior perigo seria perder a fé no que fazemos...

De tarde, às vezes tenho a impressão de estar esquizofrênico. Quando estou sentado no pátio do seminário de Fortaleza, olhando para o jardim luxuriante para o qual dão as amplas arcadas, não posso imaginar que estudo aqui de dia e que, de noite, moro com os mendigos. Durante as sessões de discussão com Padre Manfredo Oliveira, nosso professor, Irmã Yolanda e Irmã Luzia, as duas religiosas que fazem parte do programa "Padres da favela", eu desabafo.

Pergunto e pergunto sem cessar. Irmã Yolanda guardou de mim esta imagem, mesmo depois dos longos anos que se passaram desde então: um jovem muito magro, que não cede em nada quando tem uma questão na cabeça, e ávido por saber tudo.

Aprendemos muito com Manfredo Oliveira, filósofo e teólogo de renome. Ele é o diretor do seminário. Dirige a formação clássica e anima igualmente nosso grupo de padres de novo tipo.

Manfredo Oliveira centra toda a sua formação em torno dos princípios da teologia da libertação. Estudamos a palavra de Deus, a Bíblia, a espiritualidade sob um ângulo particular: o trabalho contra a miséria. Todo o seu pensamento é orientado por uma questão: "Como ser cristão em um mundo que produz estruturalmente pobres?" Como a exegese religiosa não pode apenas dar respostas para uma realidade sociológica que se perpetua através das épocas, Manfredo ensina-nos também a história, a filosofia, a sociologia e a economia. Dissecamos os sistemas de produção, o funcionamento da economia capitalista, a teoria da oferta e da procura... Manfredo Oliveira quer fazer de nós padres inseridos no mundo moderno. O homem com óculos de armação de ferro dá os princípios do Concílio Vaticano II, que revolucionou a Igreja no começo da década de 1960 e fixou para ela a linha de ser o povo de Deus.

Ele participou da Conferência dos Bispos da América Latina, encarregada de refletir sobre a aplicação dos princípios do Vaticano II no continente. Os responsáveis eclesiásticos reuniram-se em Medellín, na Colômbia, em 1968, para decidir sobre a atitude que a Igreja devia adotar frente à ditadura, que então dominava a maioria dos países da América do Sul. Os bispos tomaram uma posição corajosa: defendem que a Igreja seja um lugar de resistência aos regimes militares autoritários.

Manfredo Oliveira é um homem por quem tenho muita admiração e cuja vivacidade intelectual me impressiona. Não sou o único a ficar fascinado por seu espírito brilhante. Aqui, no Ceará, Padre Manfredo é uma sumidade. Em 2008 recebeu o prêmio Frei Tito de Alencar de direitos humanos concedido pela Assembleia Legislativa do Ceará, e sua obra é respeitada por todos.

Os encontros de nossa "célula" especial (somos apenas um pequeno grupo de seminaristas a experimentar esse programa, os outros seguem a formação clássica e vivem as vinte e quatro horas do dia no seminário) não se desenrolam de maneira formal. Os alunos, também, têm a palavra. Precisamos desses momentos para partilhar com nossos professores, mas também entre nós, o que vivemos no dia a dia. Nossa realidade de todos os dias é violenta demais para que possamos calá-la, guardá-la em nós como uma revolta que nos consome.

Irmã Yolanda oferece-nos sempre sua escuta atenciosa. Em seu olhar eu adivinho o que temos dificuldade de ver. Meço 1,70 metro e, na época, não pesava mais que 54 quilos. Minhas feições cavadas refletem a falta de vitaminas e também as doenças que nos enfraquecem por vivermos em condições extremas. Acumulo os problemas de saúde, nada de grave: micoses que se instalam por toda a parte em meu corpo ou vermes que deslizam sob minha pele.

Nossas deficiências físicas são apenas um pouco de coisas em vista das questões que abalam nosso interior. Uma interrogação está sempre em nossos encontros: como Deus pode ser bom e deixar os homens viverem em um inferno como o que temos dificuldade de suportar no dia a dia? A equação do Bem e do Mal parece impossível de resolver por nossas almas o que o horror das favelas em que moramos, no Nordeste, transtorna.

Nos olhos suaves da Irmã Yolanda, vejo uma compaixão imensa. Na "gororoba" que ela nos dá para beber, encontro forças para continuar a ficar de pé. Depois das aulas, a religiosa nos dá para beber a mistura inventada por ela, que ela prepara especialmente para nós. Demos o nome de "gororoba" a essa bebida porque a simples invocação desse nome impronunciável dá a impressão de ter o alimento completo! Cada gole dessa rica mistura salva nossos corpos magros da ruína. É bom sentir na garganta a beterraba, a banana, o leite e o açúcar, todos esses ingredientes energéticos que ela mistura para impedir que desmoronemos, sob o golpe da anemia, ao voltar a nossos alojamentos improvisados. No pátio da Irmã Yolanda, nosso espaço preferido de encontro, gostaríamos de ficar por horas, juntos, refazendo o mundo e partilhando nossa fé.

Em relação aos moradores do vazadouro, somos privilegiados. Vivemos com eles, mas não vivemos como eles. Temos renda, escapamos todas as tardes para fora da lixeira. Sabemos que é necessário manter uma higiene pessoal.

Um pequeno poço a alguns metros da casa permite que façamos nossa toalete regularmente. Cortamos nossas unhas e cabelos. Também cuidamos de não beber álcool, para estarmos sempre lúcidos. Esse modo de vida não é senão o fruto da necessidade de um conforto mínimo ou de nossa educação. É também por motivos intelectuais que não podemos viver totalmente como os pobres do Lixão. Adotar integralmente o modo de vida deles seria dar aval a esse modo, ao passo que nosso trabalho no dia a dia visa ajudá-los a se emancipar dele. Exibir nossa diferença é também mostrar a eles que outro caminho é possível.

As palavras do arcebispo voltam frequentemente a minha mente. "Vocês querem viver com o povo, vão aprender a conhecê-lo. Mas não se esqueçam: vocês não são e nunca serão iguais", disse-nos ele no dia de nosso encontro. Antes de nos enviar ao "fronte", ele fez um pequeno discurso a nosso grupo de seminaristas. Essas palavras me marcaram. Aloísio Lorscheider nos tinha perguntado por que queríamos ser padres nas favelas. Nós lhe respondemos que queríamos "servir ao povo". Ele nos preveniu contra essa visão fantasiada do "povo".

O homem sábio respondeu-nos: "Nunca serão como o povo, mesmo se vocês quiserem com todo o seu coração. Vocês irão viver entre o povo, e o que conseguirão, no melhor dos casos, é conhecê-lo". E terminou sua intervenção dizendo: "E para fazer isso, é inútil tomar duas mulheres e três amantes!"

A chamada de atenção dele volta a minha memória regularmente. Por mais que vivamos no meio dos mais pobres, as desigualdades entre eles e nós continuam patentes. Eu tive a chance de estudar. Minha mente é sólida, a teologia me estrutura, o estudo de filosofia permite que eu busque uma resposta para minhas perguntas. E depois, é fácil, para mim, não ceder ao medo, à fome, não cair na angústia como aqueles com os quais vivo.

Tenho plena consciência de que estou "de passagem" quando tudo os mantêm prisioneiros aqui. Se eu falhar, de um dia para o outro posso retomar o curso de uma vida normal. Se pegar tuberculose, serei enviado logo ao hospital. Eles não. Para eles não há saída. O mundo deles começa e se acaba aqui.

No Lixão, todas contradições da humanidade entram em choque a cada instante. Esses meses de mergulho na profundeza da sociedade transformam-me profundamente e radicalizam minha fé. Depois desse choque, não posso seguir outro caminho, ir para outro lugar, abandonando a sua sorte aqueles que vivem assim. Sou jovem e tenho a esperança insensata de mudar o mundo, de fazer a pobreza recuar. No meio dos mais miseráveis, encontrei a luta de minha vida. Prometi a mim mesmo permanecer fiel aos mais pobres. Minha ação hoje, dentro do Conjunto Palmeiras, perpetua esse juramento.

4
A CHEGADA A PALMEIRAS

Depois de seis meses de "provação", ganhei a confiança do arcebispo, que me incumbe de outra missão. Dom Lorscheider envia-me ao Conjunto Palmeiras, uma favela a apenas alguns quilômetros da montanha de lixo. Barracos de palha, barro e madeira, nenhuma rua, sem água, e a terra ocre que vira lama com a menor chuva: em poucas palavras, esse é o aspecto desse subúrbio desfavorecido, quando descarrego pela primeira vez minha bagagem em 1984. A montanha de lixo foi uma revelação, o Conjunto Palmeiras é para mim uma confirmação. Nunca mais deixarei essa favela, cuja história se confunde com a minha e está inscrita no mais profundo de minha carne.

O Conjunto Palmeiras é um vasto terreno vazio em forma de bacia para onde a prefeitura de Fortaleza transferiu à força, no final de 1973, famílias que julgava indesejáveis no centro da cidade. Enquanto os hotéis, tinindo de novos para turistas do mundo inteiro, eram construídos de frente para as praias de areia fina do Atlântico, os moradores mais pobres eram expulsos do litoral e realocados a vinte quilômetros do centro.

Os exilados — cerca de 1.500 famílias — compraram, por uma modesta quantia, um pequeno lote de terra com a esperança de uma vida melhor. Com o nome *conjunto* se tentava incutir neles a esperança de um bairro "verdadeiro", para que eles deixassem seus barracos à beira do mar e se encontrassem aqui, longe de tudo, com menos ainda do que lá, entregues à lei do mais forte, à aflição e à violência cotidiana. Construíram suas casas com o material que acharam; os mais remediados acabaram com suas economias comprando tijolos, os outros, para construir, usaram o barro, a madeira e diversos materiais de recuperação.

Muito depressa, aos primeiros moradores juntaram-se os exilados do interior do Sertão. O Nordeste é uma das regiões mais pobres do Brasil. A cada catástrofe climática, os *retirantes*, camponeses expulsos do interior nordestino pela fome e pela sede, vêm engrossar as favelas de Fortaleza.

Em alguns anos, a população da capital do Ceará aumentou de maneira exponencial. A população do Conjunto Palmeiras explodiu. As famílias ergueram barracos onde não podiam, as ocupações ilegais misturaram-se com as casas, cuja propriedade é reconhecida por uma folha oficial escrita à máquina e entregue pela Fundação do Serviço Social de Fortaleza, que controla as ações dos moradores.

5
AUGUSTO, MARINETE E OS OUTROS

Augusto Barros Filho pertence aos exilados das terras áridas. O homem de pele escura e com eterno cavanhaque é de uma família de vinte irmãos. Seu pai era "dotado para procriar", diz rindo. Seus pais moravam na zona rural e decidiram tentar a sorte na cidade, na esperança de que a capital do Estado oferecesse mais recursos que uma terra que não dava nada por falta de água.

Quando era pequeno, Augusto viveu no vazadouro e em tugúrios seguindo seus pais. Conservou em seus pés cheios de marcas o sinal das mordidas de insetos e outros vermes daninhos que comiam sua pele. Aos oito anos, ele dormia na rua e sobrevivia fabricando brinquedos a partir de caixas de conserva. Ganhava algum dinheiro quando conseguia revender suas criações recicladas. Um pouco mais tarde, virou lavador de pratos em um restaurante. Esse trabalho salvou sua vida. O dono do bar tinha um olho nele, proibindo-o de sair com os grupos de meninos de rua, e o hospedava de vez em quando. Permitia que saísse algumas noites, que passava no asfalto.

Augusto chegou ao Conjunto Palmeiras em 1976. Construiu seu barraco em trinta dias, prazo dado pela prefeitura sob pena de lhe retirar o terreno. Sua companheira, Toinha, dormia aí com seu filho, de noite, protegida por uma simples cerca, entre duas tábuas, enquanto ele trabalhava como vigia em Fortaleza. Não se encontrava nenhuma tristeza no olhar de Augusto quando ele contava sua vida. É um homem de caráter forte, que emprega a mínima parcela de sua energia para fazer as coisas irem para frente.

Ainda hoje, quando as pessoas têm um problema, recorrem a ele. Não faz muito tempo, dona Vandir, uma moradora do bairro, levantou-se de manhã com a água cortada sem motivo. Nem uma gota corria na torneira. Seu primeiro reflexo foi: "preciso falar com o senhor Augusto para que ele fale com a Cagece", a Companhia oficial de distribuição de água do Ceará. Ela mesma fora diversas vezes em vão à companhia, levando o número da conta para os atendentes a fim de solucionar o caso. Depois de todas essas idas infrutíferas, apenas a intervenção de Augusto lhe parecia poder resolver a situação. Ainda hoje, ele tem a aura que adquiriu nas lutas pela melhoria do bairro. A pobre mulher fora vítima de um engraçadinho que fechara o registro de entrada da água, mas sua observação mostra que Augusto não perdeu nada de seu prestígio! Quando cheguei em 1984, ele já era considerado um líder da comunidade. Ele tinha a seu favor um êxito respeitável: a criação de uma cooperativa funerária.

Esse serviço de "Urgência Comunitária", como era chamado na época, nasceu de um drama. Em uma quarta-feira de cinzas, dia de penitência que marca o começo da quaresma, uma adolescente de 14 anos afogou-se no rio Cocó, que corre a alguns metros da favela. Seus pais, desprovidos diante de tal situação, guardaram seu corpo sobre a mesa de sua casa. O cadáver se decompunha, dia após dia, aos olhos deles. E eles permaneciam paralisados pelo desespero e pela impotência.

Na favela não existia, evidentemente, serviços fúnebres. E a família era pobre demais para pagar um serviço funerário fora do bairro. No fim do terceiro dia, o cheiro se tornara de tal modo insuportável que, sem saber o que fazer, foram falar com Augusto. Ele assumiu o problema, arranjou madeira, fabricou um caixão e enviou o corpo à funerária mais próxima.

O caso dessa família não era isolado. A morte batia todos os dias no conjunto. Augusto então tomou iniciativas para evitar ter de enfrentar a mesma situação novamente. Criou a Urgência Comunitária, uma associação que era uma espécie de mutuação ou de seguro coletivo em caso de falecimento. Bateu às portas de uns e de outros para apresentar-lhes sua ideia: cada um dava uma pequena soma, cinco cruzeiros[1] por mês, e, em troca, poderia beneficiar-se com a ajuda funerária.

---

[1] Na época, o salário mínimo era cerca de 3.000 cruzeiros.

Com o dinheiro coletado, Augusto comprou um velho carro, madeira e tinta para pintar os caixões. Ele mesmo fabricava os caixões e os colocava em sua sala. Certa vez, pensou em colocá-los em um pequeno abrigo. Mas o local era estreito demais para as necessidades do bairro; podia haver até 80 ataúdes ao mesmo tempo.

Augusto era o único que aceitava guardá-los em casa. Os outros moradores estavam reticentes em armazenar esses símbolos da morte em suas casas. Quando se transpunha o umbral de sua porta, o espetáculo às vezes era espantoso: seus filhos corriam entre os caixões de madeira, brincavam de esconder nos caixões que invadiam o interior da pequena casa. Eles cresceram acompanhando a morte diariamente. Não passava um dia sequer que um morador não viesse à cooperativa. A ideia de Augusto foi bem-sucedida, porque respondia a uma necessidade essencial. A Urgência Comunitária contou com até 600 membros e funcionou desse modo até 1989, quando foi assinado um contrato com uma funerária do centro da cidade chamada Paz Eterna.

Quando cheguei ao Palmeiras, encontro uma comunidade já organizada, especialmente graças à ajuda dos padres que me precederam, os quais substituo ao chegar ao bairro. Aí existem a Urgência Comunitária, a Comunidade Eclesial de Base — da qual sou encarregado como representante da Igreja — e a Associação dos Moradores do Conjunto Palmeiras (Asmoconp). Marinete Brito da Silva é sua presidente. Hoje nós rimos quando nos lembramos de nossos primeiros encontros. Marinete era a cabeça da associação e me olhava meio desconfiada. Ela achava que com minha cara de jovem seminarista bancando o cordeirinho com grandes sorrisos, assim que estivesse no local, orientaria o prestígio das melhorias do bairro para a Igreja. Essa mulher determinada não entregava tão facilmente suas lutas pela favela. Nós nos enfrentamos muitas vezes, mas também rimos muito. Nós brigamos muito — mesmo mais tarde quando eu não estava mais na Igreja e me apresentei para a presidência da Asmoconp -, mas também nos ajudamos.

Dona Marinete é uma "historiadora" da favela. Quando ela chegou em 1975 com seu marido, Eliezer, o Conjunto Palmeiras era um *no man's land*. Não havia nada por quilômetros em volta. "Só terra e cobras", ela gosta de repetir. Com seu esposo, ela limpou o lote que tinha comprado por 400 cruzeiros da Fundação Social da prefeitura. Em troca da soma que ela entregava todos os meses para pagar a dívida, ela recebeu uma folha datilografada. Um título de propriedade que fixava as condições de sua compra.

O documento especificava que o lote de terra não podia ser vendido, nem alugado, nem emprestado; que os proprietários deviam estar casados e dar mostras de bons costumes — várias mulheres foram obrigadas a encontrar um marido para ter o direito de comprar um lote —; que a casa deveria ser construída em 30 dias no máximo, e que, mais tarde, a Fundação Social da prefeitura não seria obrigada a passar a casa e o terreno para os filhos de Marinete, considerada como um simples "empréstimo" dos lugares.

Marinete respeitou os prazos e construiu sua casa com o marido. Lutou para garantir fundações para seu barraco nesse terreno que se enchia de água a cada chuva.

Ao lado de seu terreno, debaixo de uma mangueira, realizavam-se regularmente as reuniões dos moradores. Diante da dureza de seu meio ambiente, eles refletiam o que podiam fazer para melhorar a situação. Queriam ter acesso à água potável, à eletricidade e aos transportes decentes para ligá-los ao centro da cidade de Fortaleza, onde a maioria deles trabalhava, fazendo pequenos biscates e trabalhando como diaristas na construção civil ou como domésticas.

No começo, dona Marinete não participava das reuniões que, no entanto, realizavam-se debaixo de suas janelas. Ela estava submersa pelos trabalhos da casa, pelo cotidiano familiar e pelo trabalho — estava empregada em casas de famílias burguesas ou trabalhava como manicure. Depois seguiu seu marido e misturou-se uma ou duas vezes nas conversas. Os moradores decidiram unir-se em uma associação para reivindicar melhores condições de vida.

Há um registro dos primeiros dias da associação, em fevereiro de 1981. O traçado das linhas foi conscienciosamente respeitado, as letras estão escritas em maiúsculas, letra de forma desajeitada, que resume os objetivos dos estatutos da Asmoconp. É o ato de criação de uma associação particular, o começo da história de longas lutas. Os primeiros assinaram ou colocaram sua impressão digital do polegar mergulhado na tinta para marcar sua concordância. Na frente dos nomes encontram-se marcas mais largas para os homens e mais finas para as mulheres.

Uma delas é certamente a impressão digital de Marinete. Na época, ela não sabia ler nem escrever. Ela aprendeu tudo através de seu engajamento militante pela favela.

Os moradores criaram seus próprios serviços de base, cansados de esperar em vão que a ajuda viesse da prefeitura, do governo ou do Estado. Punham em prática o provérbio: "Ajuda-te que Deus te ajudará". Depois de uma reunião debaixo da mangueira e com a ajuda de um médico venezuelano que vinha dar seu apoio ao conjunto uma vez por semana, colocaram as bases da creche comunitária, que funcionou durante vários anos graças à boa vontade das pessoas. Uma mulher teve grande importância nesse projeto: Maria do Socorro Cardoso. Ela tinha 23 anos quando chegou do interior com seu marido em 1980. Colocaram de lado um pouco de dinheiro e usaram-no para pagar a viagem e construir uma casa de madeira no Conjunto Palmeiras.

Na época, Maria estava grávida de seu terceiro filho. Ela passava os dias com o médico venezuelano, que a empregava como doméstica. Quando ela ia trabalhar, seu filho de oito anos cuidava de sua filhinha de três anos. Na maioria das famílias, a fratria era o único modo de cuidar existente na época. A ideia de colocar adultos do bairro para cuidar de seus filhos era sedutora, e cada vez mais moradores vinham às reuniões da associação para refletir na realização do sistema. Maria do Socorro Cardoso começou a se tornar assídua nos encontros debaixo da mangueira. Sua participação era interessada. Ela temia não ter um lugar na creche para suas crianças...

De conversa em conversa, de reunião em discussão, ela se envolveu muito e finalmente foi "contratada" para cuidar das crianças. As horas não eram pagas, as empregadas da creche viviam da solidariedade coletiva. As pessoas traziam comida da cidade onde trabalhavam, mulheres da favela iam aos bairros ricos para recuperar roupa. Durante os seis primeiros meses, a creche funcionou com esse sistema. Depois o médico venezuelano conseguiu, em 1983, uma modesta bolsa de uma ONG, que permitia dar mensalmente 40 reais de hoje aos empregados a modo de remuneração. Essa soma permitiu manter a creche comunitária até que ela passou para a prefeitura.

A creche acolhia 12 crianças, e as outras ficavam em casas do bairro e eram cuidadas pelas mães de família. Os bebês eram envolvidos em cobertores e colocados em pequenas caixas de papelão, que Maria e as outras punham à parte para protegê-las das crianças turbulentas de quatro, cinco anos, que brincavam correndo em todas as direções.

Quando as crianças atingiam a idade de serem escolarizadas, já eram um pouco maiores, iam a uma das duas escolas da favela. A diretora de uma delas era Maria do Socorro Serpa. Ela vinha todos os dias de Fortaleza, onde morava com seu marido e sua família, para alfabetizar as crianças das ruas. Inicialmente, Socorro Serpa viera ao Conjunto Palmeiras como voluntária, depois foi contratada pela prefeitura. A primeira escola da favela funcionava em uma estrebaria. Era um edifício sem paredes, apenas um teto abrigava os alunos. Conta-se que as crianças aprendiam a ler no meio dos animais. E que, quando

Socorro Serpa mandava que eles repetissem depois dela o som "o", eram os animais que respondiam com um "u", que os alunos repetiam em coro.

Com Marinete e Augusto ainda hoje rimos ao lembrar essa história. A vida do mito é tenaz. Como todos os relatos fundadores, ele acaba sendo mais verdadeiro que a realidade. De fato, a escola funcionava realmente em um estábulo, mas não estou certo de que ainda houvesse animais ali quando as crianças estudavam. Mas se os habitantes forem perguntados a respeito da história da favela, todo o mundo lhes dirá que eram os animais que ensinavam as crianças a ler!

Os mitos são necessários para a vida, a poesia também. Não se pode viver deles, mas eles dão o tempero à existência! Foi nisso que Manoel Evangelista sempre pensou. Manoel é um homem de aspecto fino e suave, um poeta que ganhava a vida como operário e a contava em seus *cordéis*, essa literatura típica do Nordeste, cujos fascículos são encadernados com um cordão fino e vendidos nas feiras. Muitas vezes eu encontrava Manuel nas reuniões da igreja. Ele era uma das figuras da pastoral operária antes de minha chegada. O princípio dessas reuniões era o mesmo que o das CEBs, nas quais os paroquianos compartilhavam suas dificuldades, mas as pastorais operárias estavam reservadas aos trabalhadores. Manoel era sindicalista. A favela era um vasto bairro dormitório em que viviam os empregados pobres, que vendiam sua força de trabalho a dia. Nas reuniões, eles comunicavam suas condições de trabalho, evocavam os problemas da favela. Um dos pontos mais problemáticos do bairro era o sistema de transporte. O Conjunto Palmeiras ficava a vinte quilômetros do centro da cidade, onde trabalhava a maioria das pessoas, e estava encravado, extremamente mal-servido por ônibus velhos que enguiçavam na metade das vezes. Para os operários e os empregados, esses atrasos eram um drama. Não por causa do cansaço, pois se levantavam às quatro horas da madrugada para pegar o ônibus às 4h30min e só chegavam duas horas depois ao trabalho, depois de terem sido sacudidos pela buraqueira da estrada, amontoados como sardinhas e no cheiro de suor. Era um drama pelas consequências que um mínimo atraso podia ter. Um operário que não chegasse na hora era imediatamente demitido e substituído por outro. Não era a mão de obra não qualificada que faltava.

Na pastoral, Manoel Evangelista lutava por princípios: transportes decentes, acesso à educação, à água... Nas poesias, ele traduzia isso em versos. Cada acontecimento importante era a ocasião de partilhar suas emoções, quando ele recitava seus textos em música, relato melodioso da história caótica do bairro.

Dia após dia, descubro esses homens e essas mulheres que são o coração da favela. Cruzo com Manoel na igreja, vejo Augusto na cooperativa funerária quando vou combinar os detalhes de enterros, encontro Marinete na associação dos moradores à qual ela pertence. Encontro também Dorinha, uma mulher morena, alegre, que gosta da música e instalou-se no bairro com uma religiosa aprendiz.

Dei aí meus primeiros passos com dois outros seminaristas, depois continuei sozinho, encarregado do Conjunto Palmeiras. Mas nesse tipo de bairro, você nunca está de fato só! Tanto de dia como de noite as pessoas vêm bater a minha porta para discutir ou para que eu administre um sacramento. O arcebispo deu-me uma dispensa para que eu garanta as missões de um padre. Nessa casa em que desfila todo o bairro, eu me familiarizo com os rostos de uns e de outros. Aprendo a conhecer aqueles que se tornarão para mim como uma família que eu jamais abandonaria.

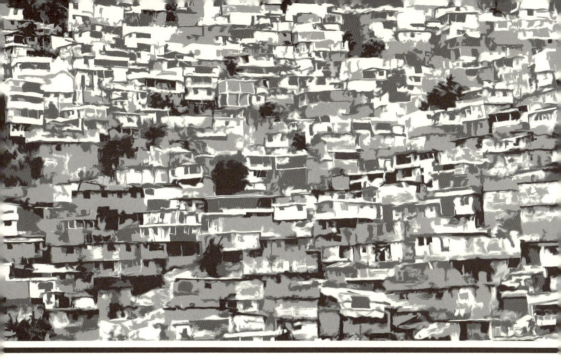

6
NA CLANDESTINIDADE

O telefone toca no orelhão da rua. De minha janela aberta ouço seu eco distante. Alguns instantes depois, o rosto de José Valdo aparece na porta: "Joaquim, telefone para ti!" Deixo de lado o texto que começava a ler e saio para atender. Do outro lado, uma voz grave e distante fala só uma frase sem se preocupar com fórmulas de polidez:

— Rambo, esteja em meia hora na frente da igreja de São Cristóvão.

— Estarei lá.

Minha resposta é tão lacônica como a ordem que me intimava era seca. Conheço os códigos: uma reunião clandestina está sendo organizada; devo preparar-me para participar dela sem despertar suspeitas na favela.

Sou seminarista. Mas sou também militante. Faz algumas semanas, fui "recrutado" pelo Partido Revolucionário Comunista (PRC). Meus primeiros contatos com a política datam de minha passagem pelo Lixão. Lá estabeleci contatos com o Partido dos Trabalhadores. Hoje é um partido que faz parte do poder, o partido da presidente da República Federativa do Brasil, Dilma Vana Rousseff. Na época, porém, essa formação política aparecia com dificuldade e não era reconhecida como hoje.

Em 1984, nós vivíamos um período de transição. O regime militar, que impôs a ditadura ao país em 1964, por um golpe de Estado dos coronéis, dos altos dignitários do exército, vive seus momentos derradeiros.

Em meados dos anos 1960, militantes dos movimentos sociais foram presos e torturados pelos militares, que queriam esmagar e desmantelar toda contestação da linha política do governo. Mas os opositores começaram a se reorganizar, de maneira subterrânea. A resistência se realizou secretamente para desbaratar a repressão e lutar contra a ditadura e a fome. Novamente, partidos políticos e organizações estruturaram-se na sombra e teceram sua rede. O Partido Comunista do Brasil (PC do B), o Partido Comunista Brasileiro (PCB), a Ação de Libertação Nacional, a União Nacional dos Estudantes, bem como os sindicatos, recrutaram homens e mulheres prontos a se engajarem para obter a volta da democracia e das liberdades individuais.

Em meados da década de 1980, quando me instalei no Conjunto Palmeiras, o regime militar vacila e abandona sua onipotência. Entre 1984 e 1988, vivemos um período de mudança, marcada por uma redemocratização das instituições, progressiva e frágil até ser validada pela nova constituição adotada no final de 1988.

No entanto, mesmo durante a "transição democrática", a clandestinidade continua sendo a regra de ouro. Os sinais em direção a um novo regime ainda são demasiado incertos. É preciso ficar vigilantes. Entrei para o PRC assim que entrei no Conjunto Palmeiras. Aí permaneci até que os partidos comunistas foram reconhecidos oficialmente, depois me juntei ao Partido dos Trabalhadores (PT). Hoje meu voto continua a ir para o PT, mas me afastei da política, minha luta está muito mais na esfera da ação social.

Depois de tudo combinado, não tive muito tempo para refletir. A reunião é em meia hora: os ponteiros do relógio começam a contagem regressiva. Invento uma desculpa para anular a preparação para o batismo programada com uma família e peço a Manoel para animar em meu lugar a reunião da CEB nessa tarde. Toda vez é assim. É preciso organizar muito depressa minha ausência, e nunca sei quanto tempo isso pode durar. Acontece que os encontros do partido são verdadeiros "colóquios" e tenho de me ausentar por três dias. Ademais, não tenho família nem filhos para que seja preciso inventar pretextos a fim de justificar minha partida na hora sem despertar suspeitas...

A cultura do segredo é um imperativo que pode revelar-se bastante acrobático para gerir, mas que não tolera nenhuma exceção ou falha: esta regra é uma questão de segurança. Devo saber o mínimo possível sobre meus camaradas para evitar denunciá-los à polícia se eu for torturado. Os militantes da sombra, funcionamos na forma de pequenas células de três membros. Conheço o rosto apenas dos que pertencem a meu grupo. Quanto menos sei, menos posso dizer.

Todos nós temos apelidos. Nossos apelidos são escolhidos ao contrário de nossas personalidades e de nossa aparência física. Eu me chamo Rambo, mas sou magro como uma vara, sempre tão magro que, quando morava no vazadouro do Lixão (1,70 metro e 54 quilos), não havia muita margem para músculos... Mas é por esse pseudônimo que sou contatado para participar das reuniões.

Há muita gente diante da igreja de São Cristóvão. É sábado, e as pessoas saem. Perto daí há um mercado. Os transeuntes têm sacolas de mantimentos na mão e de frutas debaixo do braço. Dou alguns passos na praça da igreja, tentando manter o aspecto mais natural possível.

Um homem de camisa colorida com mangas curtas aproxima-se de mim. Ele faz como quem procura o caminho, hesita e me pergunta:

— Com licença, o ônibus para São Paulo passa por aqui?

Respondo com ar indiferente:

— Sim, ele acaba de passar.

É a resposta combinada. O código que permite que nos reconheçamos mesmo se nunca nos encontramos. O homem de camisa é meu contato. Deixo que se afaste alguns metros e sigo seus passos, marcando-o na multidão do fim de semana graças às cores de sua roupa. Ele vira para a esquerda, eu viro para a esquerda. Ele toma à direita, eu tomo à direita, sempre com alguns segundos de diferença. A pequena rua é menos concorrida, é estreita. O homem diminui o passo e abre a porta de um carro.

Eu paro diante do carro. O condutor se vira para abrir a porta. Eu me instalo no banco de trás. Depois é a escuridão completa. Um capuz cobre minha cabeça toda. É o procedimento. Não devo ver nada para não poder identificar nenhum dos locais de encontro. Ouço a ligação da chave e o motor que parte. Deixo embalar-me pelo barulho do motor tentando esquecer a sensação oprimente da escuridão e de minha respiração quente que me abafa debaixo do tecido opaco. No Ceará, sempre conseguimos situar-nos em função de nossa posição em relação ao mar. O pano que obstrui minha visão me tira todo ponto de referência. Posso apenas deixar me levar até que o condutor pare, às vezes, várias horas mais tarde.

O carro diminui a velocidade. Ouço vozes de crianças que brincam em um pátio. Ponho às cegas um pé no chão, depois o segundo. Um homem me guia pela mão para transpor uma primeira porta, depois outra. Dentro de um quarto iluminado por uma única lâmpada, tiram meu capuz. Respiro profundamente, reencontrando a sensação de ar livre. Meu olhar distingue os rostos da dezena de homens e de mulheres que, como eu, vieram à reunião.

O processo é sempre o mesmo. Nas reuniões, as discussões giram em torno da estratégia política. Antes das eleições, lembramos quem vamos apoiar e de que maneira. Definimos igualmente as estratégias de luta, planejamos manifestações. Os partidos políticos de oposição não agitam bandeiras nos movimentos de protesto público. Mas os influenciam através de seus militantes ativistas nos bairros. Não sou o único da favela a fazer infiltração política. Augusto milita no PT e Marinete juntou-se ao PC do B.

O Brasil está em uma virada de sua história. Corremos perigos ao militar na clandestinidade, mas queremos mudar o mundo. Em 1985, apoiamos Maria Luíza Fontenele para a primeira eleição por voto direto para a prefeitura de Fortaleza desde que a ditadura tomou o poder. Ela pertence à oposição, e fizemos campanha pensando que ela não tivesse nenhuma chance de ganhar a eleição. No entanto, contra toda expectativa, ela vence. E põe em prática o que ela chama de "administração popular". A estratégia é dupla. Ela segue a ideologia do PT, que quer dar o poder ao povo. É também necessária por razões materiais. Maria Luíza Fontenele é a primeira mulher a exercer essas funções e a primeira do PT eleita no país graças ao voto direto. Mas o ambiente político em nível estadual e federal continua dominado pela direita. Maria Luíza Fontenele deve, portanto, contar com a pressão popular para pôr em prática as políticas que ela deseja realizar. Sua prefeitura é frágil e sem recursos. Ao se apoiar no povo ela supre uma falta de dinheiro. Durante todo o seu mandato à frente de Fortaleza, ela gerencia uma cidade fortemente endividada, ao mesmo tempo em que tenta dar impulso a uma verdadeira viragem social.

Maria Luíza Fontenele rompe bastante depressa com o PT, enquanto continua prefeita de Fortaleza — existem várias razões para sua expulsão do partido, e várias versões dessa história. Meu ponto de vista é que, sob a pressão, ela se isolou e radicalizou. Em seguida ela criará uma corrente anarquista ainda mais à esquerda. Mas este parêntese permite-me ter acesso a novas funções. Além de minha missão pela igreja, sou nomeado diretor do Centro Social Urbano (CSU) da favela. A ditadura havia criado esses centros no final dos anos 1970 para acalmar as reivindicações crescentes dos pobres.

Nas favelas, os CSU são os escritórios de queixas que respondem na urgência ao descontentamento dos moradores. Se os moradores reclamam o acesso à água, o centro tenta apaziguá-los fornecendo leite para compensar. As figuras dessa política são as assistentes sociais. Elas estudaram e são pagas pela prefeitura para decidir o que é preciso fazer. Ao assumir minhas funções, espero pôr essa ferramenta ao serviço do bairro.

Sou cada vez menos seminarista e, cada vez mais, estou mergulhado nos assuntos sociais do bairro...

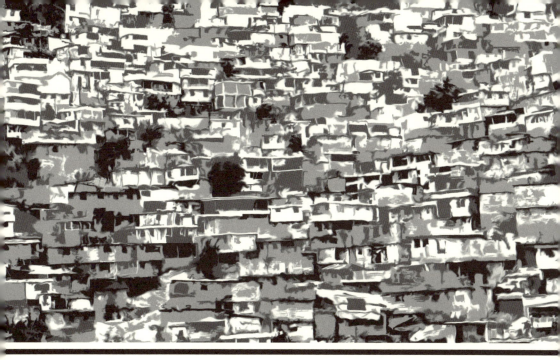

7
O ADEUS À IGREJA

Segunda-feira, 10 horas da manhã, os freios do ônibus 084 se soltaram. O veículo continuou seu percurso cambaleando, sem poder parar, e bateu em um sinal vermelho. Felizmente, conseguiu parar sem fazer vítimas.

Isso seria apenas um "simples acidente" se não fosse uma triste realidade cotidiana nessa linha, a única que passa por nossa favela. Cerca de 100.000 pessoas moram nesse trajeto, se a nosso acrescentarmos os outros conjuntos que a linha de ônibus atravessa.

Nos horários de trabalho, entre 300 e 500 pessoas agrupam-se na parada do final da linha e disputam um lugar no ônibus. Assistimos a empurrões, golpes e gestos de violência irracional. As pessoas viajam apertadas entre porcos, galinhas, caixotes de peixes, de ovos, de legumes e de frutas, bujões de gás, sacos de cereais, caixas de bebida...

Todos os dias acontecem acidentes graves: inícios de incêndio, falhas mecânicas de alto risco, que provocam movimentos de pânico, desmaios, problemas cardíacos... Conto por dezena os feridos, braços e pernas quebrados pela marcha caótica do ônibus.

Ainda hoje, tenho certa claustrofobia dessa época. Quando se tomava o ônibus, era melhor ficar na dianteira ou na traseira para evitar ficar encurralado em caso de dificuldade e ser condenado a sair pela janela. Mesmo agora, quando a situação mudou completamente, o traumatismo deixou traços: nunca me sento no meio de um ônibus. Evito eventos em que uma multidão muito grande se concentra em um mesmo lugar. Adoro futebol, por exemplo. Mas não me convidem para assistir a uma partida em um estádio: é o sufoco de angústia garantido, com os olhos pregados nas saídas de emergência. Prefiro olhar a partida de longe, tranquilamente, pela televisão...

Nós nos mobilizamos para reivindicar melhores transportes coletivos. Organizamos, com os moradores, várias centenas de protestos: reuniões, assembleias e cartas abertas aos poderes públicos. Recebemos milhares de promessas das autoridades, mas nada muda; pelo contrário, tudo piora a cada instante.

Fico com raiva: no dia em que vier a faltar sorte e dezenas de pessoas morrerem, as autoridades lamentarão o "acidente". Então não haverá mais jeito de reparar o horror, nada permite recuperar uma vida perdida.

Cada vez mais envolvido com o CSU, cada vez mais assíduo às reuniões da associação dos moradores, cada vez mais ativista no plano político, tornava-me cada vez menos padre. No Conjunto Palmeiras, a miséria é cada dia revoltante. E as lutas para ter acesso aos recursos mínimos dão o ritmo às semanas e aos meses.

As lutas são duras, mas as manifestações sempre terminam em festa entre companheiros de luta, e no fim de semana tomamos o ônibus para ir todos juntos à praia. O Ceará é célebre no mundo inteiro por suas longas faixas de areia que dão para o Atlântico. Há uma canção que resume bem para mim esse período de minha vida, quando a gente lutava para ter um mínimo decente, mas permanecíamos unidos. O título dela é *Amigo*, e era interpretada pelo "Rei" Roberto Carlos. O célebre cantor fala aí de seu "irmão-camarada", "certo nas horas incertas", que dá amizade, força e afeição. Ele recorda os momentos difíceis compartilhados e as casas com portas abertas, "sorrisos e abraços festivos a cada chegada".

Nessa efervescência de lutas, eu estava sempre ao lado de Dorinha. Ela é bonita, é engraçada e um pouco maluca. A gente se diverte, a gente ri. A gente canta, dança e refaz o mundo durante horas até de manhã bebendo cerveja ou caipirinha.

Hoje tenho um pouco de saudade desse período alegre e exaltado. Nossas condições de vida eram difíceis, mas éramos levados pela certeza de que mudaríamos o mundo. Agora me tornei banqueiro, e meu dia a dia é muito mais técnico. Estou isolado em meu escritório analisando números para tomar decisões.

Travamos as lutas com a energia da juventude. Há a batalha dos transportes e suas dezenas de manifestações. Vivemos também a luta pela eletricidade. No Conjunto, a escuridão reina ao pôr do sol. Apenas algumas casas estão ligadas à rede elétrica. Instalar linhas em um bairro sem verdadeiras ruas e onde os moradores não pagam suas contas, por falta de recursos, não é rentável.

Desta vez devemos lutar em duas frentes. Os poderes públicos não são os únicos que devemos convencer. Devemos também colocar de nosso lado os chefes da favela — Neguinho de Aço, Nego Jô e Cabeça.

O Conjunto Palmeiras é uma favela situada a uns vinte quilômetros de Fortaleza. É o esconderijo ideal para os indivíduos com problemas com a justiça. Quando cai a noite, o breu completo se abate sobre o bairro, e é impossível para a polícia aventurar-se aí. Aí os bandidos têm seu esconderijo ideal, a boa distância da cidade. Para eles, a eletricidade coloca em perigo seu anonimato noturno e vai contra seus interesses.

Devemos agir com prudência para fazer com que aceitem o projeto, sensibilizando-os para o futuro da favela, que é também o território deles e ao qual estão ligados. Mantemos um equilíbrio sutil com todos eles, mantendo também relações com o sargento Geraldo.

Esse homem atarracado, ríspido e violento, é o representante das forças da ordem no Conjunto Palmeiras e nos arredores. Geraldo não é mole. Sua função o obriga a usar os músculos e exibir seu poder. A visibilidade de sua autoridade é útil também para nós. Devemos evitar que os criminosos tenham influência maior na favela.

Os chefes são perigosos e vivem em uma lógica de território. Podem matar por qualquer coisa: um mal-entendido, uma passagem por seu território, um assunto de dinheiro. Mas estão isolados. A delinquência da época na favela não é a do crime organizado em torno da droga. Sua organização não é hierarquizada. Neguinho de Aço, Nego Jô e Cabeça, que acabarão todos mortos pela polícia ou por ocasião de acertos de conta, são homens que fazem reinar o terror, mas não estão em uma lógica de poder sobre o bairro. Mantenho relações episódicas com eles. Às vezes bato à porta deles, fico dez minutos em sua sala para preveni-los de que uma manifestação passará pelo que eles consideram ser seu domínio reservado. Tento convencê-los de que a instalação da eletricidade não é uma manobra contra eles. Mas nossas relações não vão mais longe. Nenhuma amizade, nem serviço, é possível. É preciso que eu não pareça como o fiador da ação deles, que eu possa parecer cúmplice aos olhos da polícia. O equilíbrio é frágil: nenhuma proteção, mas nenhuma denúncia. A ligação das casas à rede elétrica avança aos pouquinhos. É apenas no final dos anos 1980 que a maioria dos moradores terá acesso à eletricidade.

Às vezes, também entre nós ocorrem conflitos. A associação dos moradores e a CEB, que eu animo, nem sempre têm a mesma opinião. Eu me oponho muitas vezes a Augusto sobre a questão das ocupações. Partidário de operações com uso da força, Augusto multiplica as tomadas de posse de terrenos para instalar aí famílias sem abrigo. Muito antes do nascer do sol, ele levanta um acampamento em um terreno sem casa que demarcou anteriormente. A população de Fortaleza explode. São mais famílias sem teto. Augusto força a prefeitura a realocá-los, colocando-a diante do fato consumado.

Não compartilho o ponto de vista dele. A favela cresce de maneira anárquica, e Augusto se apossa de terras situadas em zonas inundáveis. O Conjunto Palmeiras cresce, e sempre mais famílias não têm título de propriedade para sua casa. Para que aumentar, quando os que vivem no local não conseguem sair dele? Poderíamos concentrar nossos esforços em melhorar o Conjunto Palmeiras! Augusto não atende a meus argumentos. E torna ainda mais dura minha vida na direção do CSU. Nossa diferença de estratégia provém de uma dissensão mais política. Fui nomeado por Maria Luíza Fontenele, que começa a se emancipar do partido, e Augusto é um membro ativo do PT.

Mergulhei na política até o pescoço. Até às lutas intestinas! Meu engajamento começa a ser cada vez mais incompatível com minha missão de futuro padre. Minha decisão impõe-se cada dia mais claramente: devo sair da Igreja e seguir meu caminho fora do clero.

Minha escolha é também influenciada por razões sentimentais. Com Dorinha, transpusemos a fronteira da amizade para viver uma história de amor. É uma bela mulher morena, com cabelos ondulados. Ela é viva, engajada, apaixonada e exaltada. Fiquei enamorado por ela. O entusiasmo das lutas cria certa euforia...

Se a Igreja autorizasse o casamento dos padres, eu seria, talvez, um membro engajado da comunidade eclesiástica. Porque sempre tive fé. Creio em Deus, embora não seja um católico praticante. Meu fervor permanece intacto, embora minha relação com a hierarquia da Igreja esteja cada vez mais longe.

Minha decisão não está ligada apenas a essa perturbação que sentia então. É fruto de uma longa reflexão sobre meu engajamento, na qual peso os prós e os contras.

Os partidários dos padres operários estão cada vez mais isolados dentro da Igreja. O cardeal Ratzinger — que se tornou o papa Bento XVI — opõe-se à teologia da libertação. Leonardo Boff, o principal fundador do movimento no Brasil, é convocado a Roma pelo cardeal que lhe proíbe toda publicação. Impõe a ele um ano de "silêncio obsequioso", reduzido a alguns meses após os protestos que surgiram no Brasil e no mundo. Leonardo Boff continuará padre por alguns anos ainda e depois deixará a Igreja em 1992 dirigindo a seus "companheiros de caminhada e de esperança". Poderia fazer minhas suas palavras:

Há momentos na vida de uma pessoa em que, para ser fiel a si mesma, deve mudar. Eu mudei. Não de luta, mas de trincheira. Deixo o ministério sacerdotal, mas não a Igreja. Afasto-me da ordem franciscana, mas não do sonho de ternura e de fraternidade de São Francisco de Assis. Permaneço e serei sempre um teólogo, visceralmente católico e ecumênico, travando o combate dos pobres contra sua pobreza e em favor de sua libertação. Continuarei no sacerdócio universal dos fiéis.

Minha saída da Igreja se faz calmamente, ao contrário do precedente de Belém. Uma única angústia me atormenta: o anúncio de minha decisão ao cardeal Aloísio Lorscheider. Tenho um respeito imenso por esse homem, que desempenhou um papel fundamental em minha formação e na maneira como vejo o mundo. Incomoda-me mais ainda dizer a ele que abandono o navio porque o movimento Padres da Favela enfrenta cada vez mais contestações.

Meu desligamento corre o risco de enfraquecer ainda mais a posição de dom Aloísio. Dos sete ou oito seminaristas do programa Padres da Favela, só dois foram ordenados, os outros optaram por se engajar mais profundamente nos movimentos sociais. Acho que esse fracasso relativo para a Igreja — pois permanecemos junto dos mais pobres — não será utilizado contra esse programa. Sinto-me também um pouco ingrato. O cardeal fez tanto por mim. Ele me acolheu quando cheguei de Belém, apostou em mim, assumiu os riscos sustentando minhas ideias e minhas ações na Favela.

No dia da entrevista com o grande homem, tremo de medo. O respeito, aliado à ideia da reação a meu anúncio, paralisa-me. Dou alguns passos em sua direção e começo a falar:

— Monsenhor, vim falar-vos de algo...

Aloísio Lorscheider me detém. Ele adivinha porque estou lá.

— Meu filho, eu sei o que vais me dizer. Conheço tua decisão. E quero dizer-te uma coisa: só existe uma maneira de servir a Deus. Ser padre não é a única maneira de agir segundo sua vontade.

O arcebispo deixa que se instale um silêncio antes de retomar olhando em meus olhos:

— Só te peço uma coisa: nunca cesses de trabalhar em favor dos pobres. Vai, meu filho, eu te abençoo. Sejas feliz.

Suas palavras me aliviaram de um peso imenso. Elas me libertaram da culpa. Soaram em mim como a bênção de minha escolha: dedicar-me plenamente a melhorar as condições de vida no Conjunto Palmeiras.

A cada inverno, as inundações voltam, como uma tragédia sem-fim. Os dilúvios destroem as modestas casas. Centenas de famílias encontram-se sem abrigo. A água e a lama invadem nosso dia a dia.

(foto: Jornal *O Povo* / João Guimarães, 17/6/1987)

Segunda Parte
A LUTA PELA ÁGUA

1
UMIDADE PERMANENTE

A água é o principal problema do bairro. Nós não sofremos tanto com a sede como com as inundações. Debaixo do Conjunto Palmeiras, a camada freática é particularmente alta. Cada chuvarada tropical provoca torrentes de lama. A água transborda diante de nossas casas. Entra em nossas salas, em nossos quartos. As finas paredes dos barracos de barro desmoronam-se, frágeis, em cada época de chuva. Entre janeiro e maio, os dilúvios são quase diários. As tempestades tropicais lavam todo o norte do Brasil. A nós ainda mais. Enormes banhados, que levam meses para secar, formam-se em nossas ruas. Augusto desperta com os pés na água a metade do ano, seu quarto aberto aos aguaceiros não lhe oferece nenhum descanso, visto que a chuva dita sua lei natural, inexorável e inflexível.

O Conjunto Palmeiras encontra-se em um terreno em forma de bacia, uma terra úmida e salgada onde só crescem as palmeiras, essas plantas que se desenvolvem nas regiões em que a umidade invade o solo e o ar. É daí que o bairro tira seu nome: o Conjunto Palmeiras é o reino das palmeiras. Hoje elas quase desapareceram por completo. A densidade das moradias destruiu em trinta anos o equilíbrio ecológico da região.

Sofremos de uma abundância demasiada grande de água e, ao mesmo tempo, ela nos falta. Este não é o menor dos paradoxos que enfrentamos no dia a dia. Nenhuma casa está ligada à rede de água corrente da cidade. Para beber e preparar nossa comida, só existem duas soluções: fazer a fila a fim de ter acesso a um dos três reservatórios que alimentam a favela ou comprar latas de água das carroças que passam várias vezes por semana.

A primeira solução significa horas de espera, bem antes de o sol nascer, para tentar conseguir algumas gotas. E sem garantia. O reservatório funciona entre 6 e 11 horas, bem como entre 14 e 17 horas. Mas o sistema é caprichoso. Às vezes esperamos muito tempo, da aurora até as horas quentes, e voltamos de mãos vazias, porque o reservatório está estragado ou seco. A fila de mulheres e de crianças é o teatro de lutas e de tensões intensas. O cansaço, a sede e a fome deixam os nervos à flor da pele. As mulheres se empurram, discutem e brigam pelo lugar conseguido a custo. As brigas são comuns. Às vezes há sangue derramado. E lágrimas, muitas vezes. A violência está sempre aí, no pano de fundo, quando um bem vital vem a faltar.

Comprar latas de água é a outra opção oferecida às famílias. Condutores de carroças as enchem em uma lagoa perto do grande Jangurussu, uma vasta extensão de água amarelada a alguns quilômetros da favela. As charretes as vendem entre 5 e 15 cruzeiros, em função da estação.

Fora isso, há a última solução: beber a água das cacimbas, os poços artesanais que o próprio solo da favela cavou. Mas essa água salobra é contaminada, poluída pelo lixo e pelos excrementos do bairro. É impossível consumi-la sem riscos.

A favela não tem sistema de saneamento. Os moradores cavaram fossas sépticas improvisadas. Aí lançam seus dejetos e fazem suas necessidades; e elas transbordam a cada inundação, porque a camada freática é particularmente alta.

Bebendo a água disponível a céu aberto, suja por essas evacuações infelizes, as pessoas sucumbem a doenças. A mortalidade chega ao máximo. A insalubridade provoca epidemias de tuberculose, de cólera e de febre negra, infecção que cobre a pele com lesões e bolhas purulentas.

Os mosquitos e a água contaminada não são as únicas causas de doença. O muçum, uma enguia negra que vive nas regiões úmidas, veicula também numerosas patologias. Sua carne contém todas as bactérias que ela recupera nas águas estagnadas onde se arrasta, mas essa cobra aquática constitui o prato principal para os moradores mais pobres, aqueles que não têm com que encher seu prato. A expressão passou para a linguagem corrente do Conjunto Palmeiras. Quando se avisa: "Hoje tem muçum", quer dizer que não tem outra coisa para comer…

Ter acesso à água potável é para nós um desafio vital. Uma verdadeira questão de sobrevivência. Essa batalha é a coluna vertebral de todas as nossas lutas. É nosso objetivo essencial. Ao longo de toda a década de 1980, todas as nossas reivindicações — eletricidade, transportes decentes, boas condições de saúde e educação — são subtendidas por essa necessidade. Quaisquer que forem os motivos das manifestações que organizemos, terminamos sempre com o mesmo slogan: "Ainda lutamos pelo acesso à água". Essa palavra de ordem nasceu quando eu ainda era seminarista, e permanece atual muito depois que abandonei o hábito. A batalha começou antes de minha chegada. Eu a encontrei em andamento, quando ainda era aprendiz de padre. Eu me lembro de um dia particularmente marcante, pouco antes de meus primeiros passos no Conjunto Palmeiras...

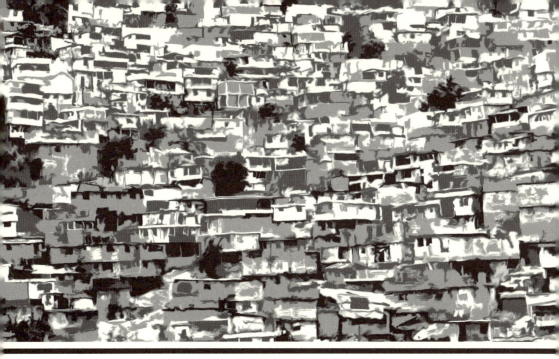

2
AQUI SE MORRE

"Joaquim... Joaquim..." Batidas tímidas ressoam a minha porta. Abro os olhos e pulo da cama. Fora da casa é noite escura. Enfio uma camisa e uma calça e vou abrir. Um homem e uma mulher me esperam à porta da casa paroquial. Nas trevas sufocantes e opacas, a lâmpada de minha sala é a única luz que ilumina seus rostos.

Eu os convido a entrar. Não estou surpreso. Nem pela hora tardia de sua visita — estamos no meio da noite —, nem pelas feições desfeitas e pela dor que vejo no olhar deles. Nessa época eu ainda era seminarista, e vinham a mim, a qualquer momento que fosse, para dar os sacramentos, muitas vezes os últimos... No seminário, fomos formados por esses ritmos descontínuos, essas noites sem sono e essa acolhida do sofrimento. Nunca fui de dormir muito, mas se esse fosse o caso, os anos de formação eclesiástica teriam me desabituado: nós nos deitávamos por volta da meia-noite e despertávamos às quatro horas para assistir ao primeiro ofício religioso.

— Joaquim, nossa filha morreu nesta noite. O senhor poderia vir? — pergunta-me o homem.

Eu os convido a se sentarem e esquento a água para o café. Pergunto o que foi que aconteceu. Minha pergunta é ritual. A morte bate quase todos os dias na favela.

— Ela ficou doente. Vomitou a noite toda — sua mãe chora. Ela é tão pequena, tão frágil. Ela se contorceu de dor durante horas por causa das diarreias. Não sabíamos o que fazer. E depois ela morreu, logo, exaurida...

Chegar às casas no último suspiro dos mortos, abençoá-los e lhes dar os últimos sacramentos — devo ter feito mais de 200 vezes. Quando comecei no Conjunto Palmeiras, a mortalidade infantil alcançava uma taxa recorde. As mães me despertavam muitas vezes no meio da noite para eu ir ver seus bebês. Quando a doença ataca, há pouca chance de a cura prevalecer. Há poucos carros na favela. Os transportes são um verdadeiro problema. As estradas não são asfaltadas. O ônibus não comunica bem com a cidade, e o hospital está cerca de vinte quilômetros da favela.

Aqui, não há médico de noite. E chamar o socorro de uma das três cabines telefônicas do Conjunto Palmeiras — nossa única ligação com o mundo exterior — é inútil. De qualquer maneira, eles não vêm. Estamos entregues a nós mesmos, sozinhos diante das realidades imutáveis: a fome, a doença e a morte, que nos acometem dia após dia. No entanto, a alguns quilômetros daqui, no centro da cidade, as pessoas vivem bem. Sua torneira lhes fornece uma água pura e abundante. Suas geladeiras estão cheias de coisas boas: frutas, legumes, carnes. Seus hospitais acolhem os doentes. Os médicos os recebem, escutam, examinam.

Para nós, aqui, a morte é um acontecimento quase diário. Mas nunca se torna um costume. Cada falecimento permanece uma tragédia. Cada partida deixa um buraco aberto nas famílias, e o rio dos dramas diários não permite esquecer a dor. As mortes não são apenas de pessoas que são próximas a mim. São conhecidos ou vizinhos, paroquianos ou alunos.

Mas vem o dia em que uma morte é demais. Um falecimento que nos obriga a reagir, saímos do torpor sem sentido em que a fatalidade nos mantinha. Foi o que ocorreu com a morte daquela menina. Ela desencadeou um combate encarniçado para obter água, para que as doenças não matem mais as crianças de pés descalços que povoam nossas ruelas de lama, de lixo e de excrementos.

Não me lembro mais de seu nome, não me lembro mais de seu rosto. Mas lembro-me de que ela tinha dois anos e meio, pequeno ser frágil na aurora de sua vida, morta em sofrimentos atrozes.

Não é apenas mais uma morte. Essa tragédia não é a primeira. Também não será a última, eu sei. Mas não posso aceitar a morte dessa inocente sem protestar vigorosamente. Não desta vez. Agora não. Assim não.

No Brasil, nessa época, observa-se um processo de banalização da miséria. O regime militar conseguiu fazer entrar na cabeça dos mais pobres que é normal que sejam pobres e que vivam em condições indignas. A ausência de água saudável, que provoca as epidemias, nunca aparece como um escândalo. É apenas uma fatalidade.

Eu me lembro de uma história que Manfredo Oliveira nos contou em uma de nossas sessões no jardim da Irmã Yolanda. Manfredo trabalha com as comunidades pobres do Lagamar, outra favela, superpopulosa, de Fortaleza. O filósofo não se contenta em ser nosso professor, procura também pôr em prática, nas favelas, nossa "opção preferencial pelos pobres".

Ele organiza reuniões. À guisa de introdução, ele apresenta uma pergunta aos moradores: "Por que vocês são pobres"? Certo dia, uma resposta o marcou particularmente. Uma mulher lhe responde na bucha:

— Porque Deus quis assim. E porque Deus faz bem as coisas!

Surpreso, o teólogo perguntou a partir da afirmação daquela senhora:

— Por que a senhora pensa que Deus faz bem as coisas ao tornar vocês pobres?

A mãe de família não se deixa desconcertar.

— Bem, porque Deus criou os ricos e depois criou a nós, para servir aos ricos. Deus fez bem as coisas!

Manfredo, aturdido pela evidência sem apelo dessa resposta, recorre à maiêutica para levar a mulher a se perguntar por sua certeza, solidamente ancorada no fundo de seu espírito.

— Estamos certos em dizer que Deus é nosso Pai? — pergunta Manfredo.

— Sim — concorda a mulher abanando a cabeça.

— Então, se Deus é nosso pai, isto significa que somos seus filhos? — continua ele, sorrindo por trás de seus óculos.

— Sim — admite sua interlocutora.

— Então, se nós somos todos filhos dele, isto significa que somos todos irmãos e irmãs? — pergunta Manfredo, acompanhando sua demonstração com um gesto da mão, em busca de uma aprovação.

— Sim — admite a mulher.

— E se todos nós somos irmãos e irmãs, a senhora acha que Deus fez bem as coisas ao criar os pobres para servir os ricos? A senhora pensa que Ele quereria fazer tais desigualdades entre seus filhos, entre os irmãos e irmãs? — conclui o filósofo.

— Não — acaba reconhecendo sua interlocutora.

Todos esses elementos chocam-se em minha cabeça quando a família da menininha me conta seu calvário. Hoje, não quero mais aceitar esse desfile de fantasmas resignados na casa paroquial. Não quero mais apoiar que as famílias se dizimem, que os filhos caiam uns após os outros e que as autoridades não façam nada.

Em Fortaleza, somos chamados os "índios das Palmeiras". Somos favelados obscuros, quase selvagens. Os moradores dos bairros nobres nos veem como agitadores loucos, gente perigosa, ao passo que somos como eles, irmãos na humanidade.

"Esperem-me aqui, vou ver Augusto." Sacudo a cabeça para afastar todos esses pensamentos. Não tenho tempo a perder com conjeturas. O tempo urge. A pressão está a minha porta. Peço aos pais que me esperem na casa paroquial enquanto vou ver Augusto. Dou a eles uma xícara de café quente e doce, mas sei que não vão beber o café. Eu também estou com a barriga travada pela emoção, não posso engolir nada. "Por favor, esperem aqui, só alguns instantes. Não vou demorar."

Eu os deixo dentro das paredes vazias, pois não tive tempo de decorar desde que cheguei aqui alguns meses atrás, e corro até à casa de Augusto. Ando rápido. São apenas cem metros a percorrer, percurso caótico na noite que me impede de ver os buracos no chão e as poças de água. Bato à porta, e é Toinha que a abre.

— O que aconteceu, Joaquim? Você está agitado. Você está bem? — Pergunta-me a companheira do líder comunitário.

— Uma menina morreu nesta noite. Isto não pode continuar assim. Vim ver Augusto por causa do caixão. Mas é preciso fazer alguma coisa, devemos marcar a ocasião...

— Concordo com você, Joaquim —, aprova Augusto que ouviu o final de minha frase e junta-se a nós na sala enquanto esfrega os olhos.

Eu respondo.

— É preciso fazer algo que marque as pessoas, algo que force as pessoas a reagir, que provoque um choque.

Eu me inflamo, depois paro, o olhar perdido em meus pensamentos. Visualizo os cenários que nos permitiriam fazer algum progresso, forçar as autoridades a assumir suas responsabilidades e a nos ligar à rede de água da cidade, para evitar que as doenças continuem sua progressão alarmante.

— Não vamos enterrar a menina.

As palavras caem no silêncio. Eles me olham um pouco surpresos.

— Vamos fazer uma procissão seguindo o corpo da menina e chamar os jornalistas: vamos colocá-lo na entrada do conjunto, e os meios de comunicação serão testemunhas de nossas condições de vida. Vou falar com os pais para ver se eles estão de acordo.

— Concordo — responde Augusto —, eu me encarrego de encontrar alguém para avisar a imprensa. E outra pessoa que visite as casas e avise que há uma manifestação.

Refaço o caminho em sentido inverso em direção da igreja, com os passos ritmados pela energia da revolta. Na casa paroquial, o ar é pesado. Como desconfiava, os pais nem tocaram no café. As xícaras estão cheias. Respiro profundamente e exponho a eles nosso plano. Tento ser o mais calmo possível, para aliviar a dor deles, e me mostrar pedagogo para apresentar-lhes nossa ideia. Por que não pedir a eles que façam durante algumas horas um sacrifício doloroso?

— É preciso acontecimentos espetaculares para obrigar a imprensa a vir nos ver, tirar fotos, filmar nosso bairro. As imagens e as palavras mostrarão às pessoas de lá como nós vivemos. Devemos fazer-nos ouvir, tornar-nos visíveis por todos os meios, porque a prefeitura nos esconde do olhar de seus cidadãos comuns. As autoridades públicas são responsáveis pelo inferno cotidiano que vivemos, é preciso forçá-las a reagir. Foram elas que criaram o bairro e o deixaram afundar na miséria ao não fornecer a ele as infraestruturas necessárias a seu desenvolvimento.

Falo sem tomar fôlego. Quero dizer tudo depressa a eles, antes que me interrompam. Sei que não será fácil para eles tomar a decisão. Não tenho família, e não ouso imaginar a aflição, a dor sem nome, que deve ser a perda de um filho.

Eles se olham por um instante, em silêncio, perguntam-se com o olhar, depois deixam escapar um "sim". Os pais também estão cansados desse rosário de misérias. Estão cansados das doenças, da fome, da morte. Esperam que o movimento em torno de sua filha permita evitar outras mortes.

Para estabelecer uma relação de força com as autoridades é preciso — nesse período difícil – recorrer a métodos radicais. É o que me dá a força de pedir que eles participem dessa encenação mórbida.

Às seis horas da manhã, depusemos o pequeno corpo magro em um imenso caixão trazido por Augusto. Nesse dia, a Urgência Comunitária, a associação que realiza funerais na favela, não tem mais caixões para crianças. O corpo parece perdido nesse imenso esquife.

Nosso cortejo sai ao amanhecer. Somos um punhado ao sair da igreja. Quando chegamos à entrada do bairro, somos mais de 400. A multidão dos pobres cresce ao passar diante de cada casa. O porta a porta funciona rapidamente. Há os que conhecem a família, e os que não a conhecem. Há os próximos e os vizinhos, e há a multidão dos outros: os insubmissos da favela, os miseráveis que não querem mais essas condições de vida desumanas.

As pessoas juntam-se a nós à medida que a manifestação avança pelas ruas lamacentas da favela. Às vezes andamos com a água até os joelhos, mas nada detém nossa caminhada. A multidão desenrola sua procissão sombria — entre cólera e recolhimento. Nós esperamos a chegada dos representantes dos jornais locais.

Decidimos caminhar até que pelo menos um fotógrafo aparecesse para imortalizar essa imagem da menina abandonada à morte em um caixão que tem cinco vezes seu tamanho. Entoamos canções e cantos religiosos. Formamos uma massa compacta atrás dos pais.

Os jornalistas acabam chegando por volta do meio-dia e nos encontram unidos atrás do pequeno cadáver agitando nossos cartazes. Uma foto, algumas perguntas, e fazemos em silêncio o caminho inverso. É uma hora da tarde. A pequena alma poderá enfim encontrar seu repouso. Nós a enterramos, unidos ao lado de seus pais.

3
AS "OCUPAÇÕES"

Essa manifestação marcou a radicalização de nossas lutas. Não se trata de ficar sem fazer nada. Organizamos a associação em torno dessa reivindicação criando uma comissão para acompanhar o andamento de nossas reivindicações. Eu represento a Igreja nas reuniões. Dorinha é a presidente que sucedeu a Marinete. Nós nos vemos cada vez mais frequentemente e elaboramos uma estratégia dupla.

Nossa meta é chamar a atenção das autoridades e provocar um "choque emocional" — uma "comoção" social — nos cidadãos, para que eles se posicionem do nosso lado. A partir desse dia, decidimos organizar duas manifestações por ano: uma diante da sede da Cagece, a companhia encarregada da água para a cidade de Fortaleza, a outra na favela para mostrar nossas condições de vida aos jornalistas, com uma mensagem, incansavelmente a mesma, pois a situação não melhora: "O Conjunto Palmeiras é uma favela onde as pessoas morrem porque não há água corrente".

Em 1987, o Estado construiu o Conjunto da Marinha, um conjunto de casas destinadas a serem vendidas aos marinheiros. O loteamento chega até o lado da favela. Para nós, o progresso das obras tem o efeito de uma bofetada. Vemos brotar da terra — perto de nossas cabanas de barro — casas de material com todo o conforto integrado. A água, os banheiros e o saneamento. É uma imensa provocação que faz surgir um sentimento de raiva.

Depois começa o inverno. Com seus dilúvios, tempestades e inundações. E, novamente, o desespero. Na temporada mais forte de chuvas, em março, abril, 600 famílias ficam sem abrigo. A casa deles desaparece debaixo das chuvas torrenciais.

Certo dia, eu me encontro com Augusto ao cair da noite. Ele me diz:

— Você viu, os operários acabaram seu trabalho no bairro dos marinheiros, as casas novas estão prontas para serem entregues a seus novos proprietários — constata ele.

— Eu sei, e com todas essas famílias que estão fora por causa das inundações — prossigo — não é possível construir uma coisa tão luxuosa justamente do nosso lado, nós que não temos nada. É humilhante! É uma loucura a que ponto nos desprezam!

— Deveríamos ocupar essas casas — sugere Augusto, que tem um plano na cabeça. Não se pode deixar as pessoas sem teto, quando essas casas vazias estão justamente a nosso lado...

Nós nos levantamos bem antes de amanhecer. As famílias foram informadas uma a uma do plano. Antes do nascer do sol, cada uma deve estar instalada em uma das construções do novo loteamento. Na escuridão da noite, uma fila de homens e de mulheres se agita na favela. Em fila indiana caminham todos para o novo bairro. As famílias levam nas costas seus poucos pertences. O murmúrio das vozes mistura-se com a fricção dos sacos e o choque das vasilhas em um vasto zumbido. Acabávamos de lançar uma "ocupação" à maneira dos camponeses sem terra.

Quando amanheceu, nós tínhamos tomado posse das casas. Os favelados colocaram suas roupas, seus fogões e suas provisões nas salas e nos quartos. O sol pode surgir: eles estão instalados no seco. Eles não se mexerão enquanto não tivermos obtido uma posição da parte das autoridades. Falta colocar em ação a fase B do plano.

Chamo a imprensa de uma das três cabines da favela. Preparei uma caminhada que começa no conforto do loteamento dos marinheiros e acaba na desolação do Conjunto Palmeiras, inundado pela água.

"Aqui estão as casas onde realocamos as famílias": o programa começa por uma casa de quatro peças cuja pintura acaba de secar. Pouco habituados ao conforto, os favelados não sabem usar o banheiro. Instalaram seu fogão improvisado na sala, sem ousar servir-se da cozinha e querendo conservar todos os seus pertences ao alcance da mão em caso de expulsão rápida e forçada. Os lugares têm cheiro de novo e de limpeza. A água corre das torneiras. Apresento os jornalistas à família e vice-versa. Prosseguimos o passeio pelas ruas retas e bem organizadas da Marinha, que se anima ao som das vozes dos novos moradores.

"Preparem-se para mudar de cenário" - digo ao conduzi-los à favela. Trocamos as ruas asfaltadas pelos caminhos de lama, o chão seco pela terra úmida, e as casas por barracos em ruína. Nossos pés afundam na água, e nossos olhos no testemunho da miséria. Nossa tropa itinerante descobre as casas destruídas pelas tempestades e aquelas que ameaçam desabar. Os animais, porcos e jegues, que vivem em liberdade na favela, salpicam-nos ao passar. Suamos debaixo da umidade. Os repórteres interrogam as famílias que ficaram no bairro. Passamos diante da casa de Otávia. As chuvas a surpreenderam quando a casa ainda estava em construção, e ela não tinha material para terminá-la. Não tem telhado, apenas paredes. Ela colocou uma lona, que não a protegeu por muito tempo e não impediu que as pesadas gotas a atravessem. Com seus nove filhos, Otávia vive um drama diário.

O giro durou menos de uma hora, mas a paisagem de desolação é eloquente. Posso propor aos jornalistas a questão que quero que eles transmitam à opinião pública: "O que o governo propõe às pessoas postas na rua cada inverno pelas inundações?"

Todos os anos, o cenário é o mesmo: dilúvio, êxodo, alojamento das famílias em tendas pela defesa civil à margem do bairro, volta para a favela uma vez que passaram as nuvens da estação das chuvas.

Os refugiados da "cidade de lona" queixam-se todos os invernos da chuva que entra nas tendas, da pele das crianças irritada pelo plástico sobre o qual dormem diretamente no chão, da falta de comida e da noite escura nos acampamentos desde o pôr do sol, porque o uso de lamparinas e de fogões a gás é proibido por causa do risco de incêndio...

Não suporto a indiferença das autoridades e as idas e vindas perpétuas de centenas de famílias a cada novo inverno.

É necessário protestar, mas propor tem mais peso. Em 1986, tornei-me diretor do Centro Social Urbano. Essas novas funções me oferecem os meios de organizar outra ocupação. Descobri nos mapas do distrito um terreno no alto da favela, fora das zonas alagáveis: vazio, pertence à prefeitura. Ao mesmo tempo em que ocupamos a Marinha, tomamos posse dessa outra zona: a Piçarreira.

Minha ideia é evitar para as famílias as tendas de lona provisórias do exército. Quero que construamos, no local, barracos onde se pudesse morar no ano todo, sem ter de fugir ao mínimo trovão anunciador dos dilúvios sazonais.

A operação comando nos leva a ocupar o terreno ao nascer do dia. Com as costas curvadas, limpamos o espaço invadido pelas ervas daninhas. Somos um pequeno grupo e o trabalho avança rápido. Uma vez limpo o terreno, é preciso erguer cabanas. Nós as construímos com o modesto material que temos à mão: ramos de árvores e plástico. Nós construímos um loteamento de qualquer maneira, com telhas, pedras e madeira que os moradores que têm moradia concordaram em nos dar. E decido fazer apelo às autoridades para que elas assumam suas responsabilidades.

Sentado em meu escritório, tomo minha caneta mais bonita:

Senhor Ministro do Planejamento,

Nós somos os moradores do Conjunto Palmeiras e construímos um loteamento em nosso bairro para abrigar as famílias colocadas na rua pelas inundações.

Encontramos um terreno, mas não temos os meios para construir casas. Pegamos os materiais a nossa disposição para construir, para essas pessoas, alojamentos decentes e duradouros. Desejamos que não tenham de voltar para a zona inundável e sejam obrigados a se exilar de novo no próximo inverno.

O terreno que ocupamos está vazio e é viável. Existem soluções, se o senhor nos ajudar a tentá-las.

E assino de maneira muito oficial: João Joaquim de Melo Neto Segundo, diretor do CSU do Conjunto Palmeiras.

Toda noite tenho medo de que a polícia venha a desalojar as famílias. Mas nossa estratégia colocou a opinião pública do nosso lado. As forças da ordem não têm moral para fazer incursão no bairro dos marinheiros, onde estão alojadas cerca de 80 famílias, nem expulsar os outros que vivem nos barracos improvisados no alto da Piçarreira, para forçar os moradores da favela a voltar para seu bairro inundado. A opinião, que viu as imagens de nosso dia a dia, não compreenderia que fossem obrigados a voltar para a favela alagada. A miséria joga de nosso lado.

O inverno passa nesse equilíbrio precário. Os moradores estão abrigados nas casas dos marinheiros, nunca as deixam vazias e montam guarda. Paralelamente, nós negociamos com as autoridades.

Nossa reivindicação é clara. Queremos um sistema de saneamento decente e acesso à rede de água da cidade, para ter esperança de que um dia nossas casas possam parecer-se com as do bairro dos marinheiros, e que nós não sejamos obrigados a ter medo das chuvas como de uma maldição. A queda de braço dura longos meses.

Quando volta a primavera, o público se cansa de nos apoiar. A emoção que inspiramos passa com o tempo que se suaviza. O nível de água diminui, a favela reencontra a aparência de um bairro pobre, mas "habitável". E, sobretudo, o poder dá sua última carta, que lhe permite obter a vitória.

As autoridades propõem uma indenização a cada família em troca da volta ao Conjunto Palmeiras. As negociações não tomam o rumo que eu desejo. Não fizemos progressos no tocante ao acesso à água. Mas a relação de força não está mais a nosso favor. É preciso partir.

Essa oferta tira-nos o apoio da opinião pública. Se pedirmos às famílias que a recusem e continuem o movimento para obter o acesso à água, a maioria das pessoas não compreenderá essa escolha. Em termos de imagem, não pareceremos mais como pobres abandonados, mas como radicais que não respeitam a propriedade privada. Já vejo o governo utilizando esse argumento para desvalorizar nossa luta e denegrir nossa ação.

Estou ainda no seminário por alguns meses. Mas me tornei, sobretudo, um dos líderes da comunidade. Essa atuação implica em fazer escolhas responsáveis. Minha palavra não compromete só a mim, expõe igualmente as pessoas que me seguem. É preciso saber quando avançar e quando recuar, exatamente como no campo de batalha, nessa guerra contra a miséria.

Não se trata de uma questão de estratégia. Apenas de relação de força. E de confiança. Os habitantes acreditam em nós. Não podemos deixá-los entregues a si mesmos, e ao peso de sua miséria juntar o peso de nossos erros de cálculo político.

Os refugiados da ocupação da Marinha aceitaram o dinheiro. Juntaram seus pertences e voltaram para a favela. Com a modesta soma, construíram um barraco. Até o inverno seguinte.

Mas a derrota não foi total. Para minha grande surpresa, o governo federal reagiu muito depressa a minha carta como diretor do CSU. Ele nos enviou cimento e blocos para construir as casas em outro terreno que tínhamos ocupado, a Piçarreira. Arregaçamos as mangas e nos lançamos à obra, que, em um ano e meio, permite realocar as famílias fora das zonas inundáveis. Essa operação é uma vitória para nós. Ela nos dá outra visibilidade. Sabemos lutar, mas sabemos também construir. A batalha da água conheceu vários episódios desse tipo. Mas o ponto culminante, que mudou tudo, foi atingido no final do ano de 1987.

4
O ULTIMATO

"Para, estou todo molhado. Por favor, para." Meu pedido some em um ataque de riso. Dorinha não o escuta. Curvada diante da torneira, ela continua a me aspergir enquanto ri, sob o olhar divertido de nossos amigos que bebericam uma cerveja.

Final de 1987, ela e eu estamos morando juntos. Não sou mais seminarista, e construímos nossa casa graças a uma ajuda da associação humanitária Cáritas. É uma casa modesta, com dois quartos. Mas ela possui um tesouro: no pátio atrás da casa instalamos uma torneira, que jorra uma cascata e constitui um ponto de encontro para nossos amigos do bairro.

Tenho água antes que o conjunto da favela esteja ligado à rede. Nosso terreno situa-se a entrada do Conjunto

Palmeiras, próximo de um dos cinco reservatórios que atualmente servem o bairro. Com as pessoas que me ajudaram a construir minha casa, dediquei-me a um pequeno cálculo. Se tivermos um pouco de sorte, os canos que alimentam o reservatório passam debaixo da casa. Nós cavamos, topamos com uma canalização que subia, e a furamos para desviar uma parte da água até nosso pátio. Alguns moradores dos terrenos próximos do reservatório tiveram progressivamente o mesmo serviço pago. Eu me recusei a pagar à Companhia de Água.

Quando me interpelam, eu lhes respondo: "Se eu encontro petróleo debaixo de meu terreno, o petróleo me pertence! Pois bem, com a água é a mesma coisa". Minha resposta os irrita. Mas enfrentar a raiva deles não me dá medo. Ela não é nada comparada com as alegrias que partilhamos entre amigos, nesses fins de semana, no quintal dos fundos da casa.

"Dorinha, atenção..." Abandono as súplicas para passar ao ataque. Precipito-me sobre ela e me lanço na guerra de água. Acabamos nos braços um do outro, enquanto todo o mundo joga água em uma alegre bagunça. A noitada prossegue mais calmamente no ritmo da música de Geraldo Vandré, que canta *Pra não dizer que não falei das flores* em um velho aparelho de rádio que recuperamos.

— Seria bom que todo o mundo pudesse ter uma torneira, suspira um de nós.

— Sim, faz anos que nos prometem a ligação da favela, mas nada acontece, emenda outro.

— Os pedidos são dispersos demais, analisa Dorinha, cada rua envia sua carta de protesto, e zombam de nós.

— Pode-se arranjar isso com a democratização. Logo teremos uma nova Constituição, arrisca alguém: com os "agentes da mudança" que eles vão nomear talvez isso se mexa...

A observação me atinge diretamente:

— Faz anos que eles negoceiam. É preciso não se deixar levar por promessas que remetem as coisas para um calendário improvável.

Dorinha está de acordo:

— Sim, é preciso radicalizar as coisas: conseguir um progresso antes que adormeçamos.

No final dos anos 1980, o movimento de redemocratização no Brasil provoca uma mudança nas relações entre o poder e os movimentos sociais. Depois de anos de luta frontal e de proibição drástica, os dirigentes optam por uma nova estratégia: a "cogestão". A partir do momento em que o poder não consegue mais se impor pela força, opta por confiar tarefas aos atores dos movimentos sociais. Os líderes assumem funções que deveriam ser do Estado. Isso representa para ele uma dupla vantagem: encher as lacunas de sua política social e ocupar seus principais oponentes, delegando a eles suas missões mais importantes.

É esse o contexto da ação dos "agentes da mudança", homens e mulheres enviados ao bairro para recolher as queixas dos moradores e levá-las às autoridades. Receberam a atribuição de passar por cima das organizações comunitárias, que levaram anos para se construir, fortalecer-se e constituir-se em rede para fazer a vontade dos moradores ser ouvida. O mandato dos agentes tem o objetivo de enfraquecer a virulência das reivindicações populares.

Em meados da década de 1990, numerosos atores sociais terão compreendido o fracasso da cogestão e renunciado aos convênios que tinham assinado com as autoridades para voltar às origens de suas lutas e elaborar seus próprios projetos. Mas seus movimentos terão sido esvaziados de suas forças vivas.

Nas Palmeiras, decidimos não renunciar a nossos métodos e não nos aliar ao poder. Fomos ajudados em nossa decisão por nossa história: sempre tivemos boas relações entre os líderes da comunidade e buscado o consenso entre nós. Ninguém é tentado a ceder ao canto da sereia do poder. Mas é preciso ser firme, nesse momento de transição.

— Tive uma ideia — pulo para o meio de nossos convidados —, poderíamos ameaçá-los, fazer a eles um ultimato!

— Mas ameaçar com quê? — pergunta Dorinha.

— Não sei, precisamos falar disso na próxima reunião da associação!

Dorinha abre as discussões da assembleia. Ela é a presidente e expõe a situação.

— Este período é decisivo para nós — explica ela — ou avançamos com a questão da água, ou ela não progride e os moradores vão começar a se perguntar para que serve esta associação e se voltarão para os agentes da mudança.

— É preciso um fato marcante — emenda Marinete —, não lutamos todos estes anos para nos encherem de promessas, e que pessoas de fora convençam as pessoas com simples palavras e que não temos nada de concreto.

Augusto aprova.

— É uma questão de honra, é preciso que isto mude! É preciso conseguir uma vitória — brada o militante.

Os olhos mansos de Manoel Evangelista, o poeta sindicalista, concordam:

— Sim, mas fazer o quê? — pergunta ele. — Nós tentamos tudo: todo mundo manda cartas ao governador; foram organizadas mil manifestações.

— Eu ainda me lembro dos golpes da polícia militar. Na última vez, na sede da Cagece, eles não deram moleza — prossegue Augusto.

Eu retomo a palavra:

— Talvez não tenhamos tentado TUDO...

— Tem alguma ideia? — pergunta Augusto.

— Não sei exatamente como, mas acho que é preciso dar um ultimato à Companhia de água... — digo lembrando o plano que tenho vagamente na cabeça. Ou vocês nos dão acesso à água corrente em tal data, ou...

— Ou o quê? — pergunta Dorinha.

— Não sei... — confesso dando de ombros.

As ideias surgem, mas não convencem. Então os olhos de Augusto se iluminam.

— A gente poderia ameaçar explodir as canalizações — sugere ele.

Um murmúrio invade a sala. A dezena de membros da associação, que participa da reunião, olha-se espantada.

— Estourar a canalização? — pergunta padre Luís. O padre é um dos dois sacerdotes que me substituíram quando deixei a Igreja. Padre Luís e padre Chico se revezam na paróquia, na CEB e na pastoral operária. Os dois religiosos italianos se dedicam plenamente ao bairro, que rapidamente os adotou. Eles criaram a rádio comunitária Santos Dias. Ela transmite informações pelos alto-falantes que estão instalados no Conjunto. Padre Chico e padre Luís procuram constantemente novos meios de comunicação para avivar o debate. Ouvem os moradores, ajudam-nos e são assíduos às reuniões da associação.

— Sim. A canalização que leva água a Fortaleza passa por baixo do Conjunto Palmeiras — prossigo aprovando a ideia de que nasce de nossa reflexão coletiva. Os canos passam debaixo do bairro, mas a comunidade não aproveita... Podemos dizer a eles: ou nós temos água, ou ninguém a terá!

Com bandeiras e cartazes, tomamos a direção da Praça do Vaqueiro. Decidimos fazer a manifestação diante da sede da Cagece. Gritamos nosso slogan: "Água já, não dá para esperar!"

Dorinha foi recebida, com uma delegação, como presidente da associação. Ela negocia com o presidente da companhia de distribuição de água. Este explica que o governo do Estado não tem dinheiro, por causa do congelamento dos gastos em nível federal, que freia numerosos projetos de criação de infraestruturas.

— Infelizmente, o governo também cortou os fundos destinados ao saneamento básico, embora se tratasse de trabalhos prioritários — Mário César entra em defesa dele. Continua prometendo intervir junto ao governador do Ceará, Tasso Jereissati, para pedir a ele uma ação de urgência.

Dorinha sacode a cabeça. Ela não pode contentar-se com uma enésima promessa suplementar, quando no local os moradores compartilham com os transeuntes e a imprensa nossas dificuldades cotidianas. Sila Tavares conta os problemas do centro de nutrição que ela coordena; dona Carmosita explica a impossibilidade de dar banhos regulares às crianças da creche para mantê-las em uma higiene correta.

Dessa vez Dorinha sabe que é preciso ir além das discussões. Ela solta o argumento que tínhamos validado na última reunião da associação dos moradores:

— Damos a vocês um mês de prazo — começa ela —, no final deste tempo, ou temos acesso à água, ou furamos os canos da Cagece que passam debaixo do Conjunto Palmeiras.

O ultimato está lançado. O presidente propõe organizar rapidamente uma reunião para acertar as coisas.

Voltamos ao bairro para relatar a entrevista aos moradores. Organizamos, todo dia, encontros nas esquinas das ruas para avaliar o ponto de vista das pessoas. Vemos que elas estão revoltadas pelo atraso da resposta do governo do Ceará, que adia mais os trabalhos e não procura nenhuma solução alternativa. Estamos fortalecidos em nossa estratégia. Desta vez a comunidade não se deixará enganar. Faz doze anos que ela espera a ligação à rede.

Inicia-se um debate em toda a Fortaleza. Os moradores da cidade nos acusam de egoísmo. "Por que vocês, 20.000 moradores, para ter acesso à água, privarão dois milhões de pessoas desse recurso essencial?" — acusam-nos. "As maternidades e os hospitais ficarão sem água, e crianças talvez morram por causa de vocês" – tentam-nos culpar. Somos acusados de todos os males, mas respondemos com um argumento simples: "Nós queremos apenas o direito à água, à redistribuição dessa riqueza que pertence a todos".

Com o governo, a queda de braço é muito tensa. Organizamos outra manifestação para manter a pressão. Agimos com cautela. Mas arriscamos tudo. É nossa última chance de obter ganho de causa, não temos mais nada a perder. Se fracassarmos desta vez, os moradores nunca mais confiarão em nós. O movimento do Conjunto Palmeiras cairá no esquecimento. E a água continuará uma miragem...

5
A CONTAGEM REGRESSIVA COMEÇOU

"Segue-me, por favor." Policiais fardados desembarcam para levar Dorinha. Querem interrogá-la. Como presidente da Asmoconp, ela é identificada como líder do "movimento para a sabotagem das canalizações".

Em casa, roo as unhas até sangrar esperando. Ando em volta, na sala, incapaz de fazer outra coisa que esperar. Imagino a bateria de perguntas que devem fazer na delegacia: "Como vão fazer para explodir?"; "Que partido político está por trás dessa ameaça?"; "Quem no bairro apoia vocês?"; "Que armas vocês possuem?"

Inquieto, espreito a sua volta. Sua ausência parece durar uma eternidade, mas ela acaba aparecendo à porta da casa. Pelo sorriso dela, pressinto que está tudo bem. Ela não soltou nada. Nosso segredo está bem guardado.

A grande pergunta das autoridades é: como vamos fazer para explodir a canalização? Os canais adutores estão enterrados a 15 metros de profundidade. Para explodi-los, seria preciso conhecer o trajeto feito pela rede. Para isso é preciso ter acesso aos planos da Cagece. Uma informação que a companhia guarda com todo o cuidado, protegido dos olhares indiscretos.

Além disso, nossa ameaça é um desafio técnico: as adutoras são enormes canos de dois metros de diâmetro que levam 3.100 litros de água por segundo. Para furá-los, precisaríamos de dinamite e de kamikazes. Para explodir os canais, alguém deve perder a pele. A quem sacrificaríamos?

As autoridades repetem essas perguntas de todas as maneiras sem encontrar resposta. A operação exige meios que os favelados não têm a sua disposição. Mas o Conjunto Palmeiras tem uma imagem tão ruim que os funcionários não podem arriscar a tomar a ameaça de maneira inconsiderada. Nosso passado de reivindicações e de lutas nos dá a imagem de ativistas incontroláveis, prontos para tudo, a fim de obter ganho de causa. Continuamos sendo "os Índios das Palmeiras".

Jogamos uma partida de pôquer, uma queda de braço psicológica. E tudo é um grande blefe. Não temos possibilidade material de estourar as adutoras. Mas apenas cinco sabemos disso: Dorinha, Augusto, Padre Luís, Padre Chico e eu. Ninguém, a preço nenhum, deve descobrir a realidade. Se o governador souber que nossa ameaça é apenas de palavra, nossas chances de vencer estarão reduzidas a zero.

Dia após dia, os dois lados se observam. O Estado espiona nossas reuniões, a polícia multiplica os interrogatórios. Ficamos mudos como sepulcros. De nossa parte, procuramos conhecer as intenções do governador, saber se está pronto a ceder. Emissários tentam ser os intermediários entre nós e as autoridades. Aloísio Lorscheider, João da Cruz, presidente da Fundação da Ação Social, e o conselheiro municipal João Alfredo entram em contato comigo para tentar saber mais.

No bairro, os moradores se apropriaram da ameaça. Em torno das mesas cobertas de plástico, diante dos portões de ferro e nas esquinas das ruas, todo o mundo fala do assunto. O boato cresce. As pessoas acreditam firmemente que se não acontecer nada, explodiremos as canalizações. A questão prática não parece ser um obstáculo para eles. Augusto trabalhou na construção pública e para a Cagece, a Companhia de água. Isso basta, na mentalidade dos moradores, para dar credibilidade a sua palavra. Ele sabe como fazer para abrir o buraco. Hoje ainda, Marinete está persuadida que uma simples picareta permitiria pôr a ameaça em execução...

6
O DIA D

É impossível pegar no sono. Eu me viro e reviro em minha cama. Dentro de alguns dias será o dia D. A contagem regressiva chega ao fim. E ainda não conseguimos nada. Nada além de promessas, e as mesmas desculpas "esfarrapadas" das autoridades: a falta de meios para realizar os trabalhos imediatamente.

Pensam que em breve poremos em execução nossa ameaça. As canalizações de Fortaleza deverão explodir, senão perderemos toda credibilidade junto dos habitantes e das autoridades. Não sei o que fazer. Estou com a barriga presa pelo estresse e imagino os cenários que nos permitiriam escapar da desonra e guardar nossa munição para as lutas futuras.

Talvez pudéssemos lançar-nos nos braços da polícia para obrigá-la a nos prender. Se estivermos atrás das grades, é um bom motivo para não poder explodir as canalizações! Tento tranquilizar-me imaginando que isso pode ser uma porta de saída honrosa para nós. Mas, no fundo, sei que este plano não tem futuro.

Nós somos considerados favelados um pouco loucos. O Estado sabe que precisamos de dinamite para fazer as canalizações cederem. A polícia vai organizar barreiras em todo o bairro, garantir cada recanto da favela. Se as forças da ordem virem precipitar-se sobre elas uma horda de moradores raivosos e se imaginarem que temos explosivos, não tenho certeza se as barreiras durarão muito tempo. Os policiais talvez prefiram fugir a saltar com os kamikazes do Conjunto Palmeiras.

Reviro a opção em todos os sentidos, e digo para mim mesmo que acabou. Estamos feitos como ratos. Acuados e desmascarados. O blefe vai fazer "pschittt".

Eu me levanto. Ando em roda. Ando para cá e para lá pela sala. Depois saio para comprar o jornal. Viro as páginas com avidez, olhando um sinal que anunciaria a sequência dos acontecimentos. As manchetes falam das eleições futuras. Há também os tradicionais anúncios imobiliários e de emprego. Passo os olhos por ela em diagonal quando meu olhar se detém sobre um encarte da página. As palavras são técnicas e eu as leio duas vezes para ter certeza de não me enganar.

"A Cagece inicia os trabalhos de instalação da válvula de redução da pressão da água em torno da rua Caxambu do Conjunto Palmeiras."

Meu rosto se distende e se abre em um largo sorriso. Pulo de alegria. Fico maluco: o governador cedeu.

Ganhamos! Pulo e corro em todos os sentidos. A vitória foi alcançada. Os moradores do Conjunto Palmeiras conseguiram sua ligação à rede de água!

Corro para a entrada do bairro, com o jornal na mão, batendo às portas das casas e chamando as pessoas para irem comigo. No caminho, vejo a polícia com seu dispositivo em formação, para o caso de nós realmente querermos explodir os canos. Um cordão de segurança estende seu fio na favela. A instalação do dispositivo me faz sorrir. Os uniformes concentram-se onde passam os canos, a 15 metros de profundidade. Depois de meses de pesquisas descubro, enfim, por ponde passa o traçado tão procurado do canal adutor da Cagece. As autoridades nos entregam, por sua mobilização, um segredo bem escondido...

Mas essa informação agora não é mais útil para nós. A ameaça bastou para fazer o governo do Estado recuar. Na praça, procuro um lugar alto. Subo em um tamborete que um morador de rua me traz.

Aqueço a voz, quero que ela chegue o mais longe possível.

— Meus amigos, meus amigos!

Lê-se meu entusiasmo em meu rosto, um murmúrio alegre percorre a assistência, que antecipa a novidade.

— Nós ganhamos!

Estendo o jornal aberto à página dos comunicados oficiais.

— A Cagece publicou um texto nesta manhã no jornal. Ela se compromete a começar os trabalhos para que cada casa nossa seja ligada à rede de água.

Gritos de alegria ecoam na praça. "Ganhamos! Ganhamos!" Dona Vandir está com lágrimas nos olhos. Ela abraça sua vizinha, dona Fátima. As duas mulheres ficam espantadas por ter conseguido a vitória. Elas se felicitam por ter resistido, mesmo nas manifestações em que os policiais soltavam os cães depois de uma ocupação e batiam sem distinção com seus cassetetes. Histórias que elas contam hoje ainda a seus filhos. Nós festejamos a noite toda.

O governo não pretende deixar-nos com o benefício da vitória. No dia da inauguração dos trabalhos, o Estado organiza uma cerimônia muito oficial no bairro. De nossa janela vemos o estrado que montam para receber o governador, que fará um discurso para se parabenizar por ter trazido água aos habitantes do Conjunto Palmeiras.

Com Dorinha, observamos os preparativos de nossa janela, entre ironia e nervosismo.

— Vamos deixar que fiquem com nossa vitória? — pergunta-me Dorinha, com aspecto natural.

Desato a rir. Não, não vamos fazer a vontade deles. Uma olhada na rua me faz tomar consciência de que manifestar não será coisa fácil. Há policiais em todo o bairro. Em particular, em torno do lugar onde o governador fará seu discurso. É impossível ir para a rua. Se sairmos, seremos repelidos para bem longe da cerimônia oficial. Por mais que gritemos nossos slogans, só haverá ouvidos convencidos para ouvi-los.

— Tenho uma ideia, sussurrou Dorinha, visto que estamos bem na frente para vê-los, eles devem também nos ver do ponto de vista deles. E se estivéssemos em condições de chamar a atenção?

Começo a rir, acho a ideia genial. Pegamos duas folhas de papel nas quais cada um de nós escreveu um slogan. Eu: "A luta do povo trouxe a água". Dorinha escreveu: "Os moradores conquistaram a água". E fomos para a laje da casa, onde tínhamos instalado um reservatório de água. A caixa está cheia e nos molhamos todos. Agitamos nossos slogans gritando para chamar a atenção das pessoas na rua e dos convidados para a cerimônia.

— Não escutem a propaganda do governo, foram os moradores que conquistaram o direito à água!

Nossa pequena agitação atrai olhares e risos. E os policiais, desamparados e sem poder usar suas armas contra nós, jogam pedras para nos forçar a nos calar.

Cada vez que esticam o braço, mergulhamos a cabeça na água para evitar as pedras. Nosso joguinho não dura muito tempo, e voltamos para a casa, molhados, mas felizes. Eu rio, Dorinha também. Perturbamos a cerimônia oficial apenas cinco minutos, mas alcançamos nosso objetivo: marcar nossa posição.

A história das Palmeiras é a história da luta de seus moradores, não queremos que os políticos apropriem-se de nós. Somos os únicos atores do desenvolvimento de nosso bairro. E não permitiremos que nossa autonomia desapareça. A água é o primeiro passo. Agora é preciso um sistema de saneamento. Após uma década de lutas, começa o tempo da construção.

Para evitar o uso político, na proximidade das eleições locais, preparamos uma grande bandeira de quatro metros que colocamos na entrada da favela e que marca, em uma fórmula simples, nossa diferença: "Deus criou o mundo, nós construímos o Conjunto Palmeiras".

Com a construção do canal de drenagem, tomamos nosso destino em nossas mãos. Todos os operários eram do bairro. Nós éramos os chefes da obra, que, de 1992 a 1997, transformou completamente o Conjunto Palmeiras. O canal permite evacuar as águas das chuvas, sanear o bairro e colocar as bases para urbanizar a favela.

(foto: Yves Cabannes – 1993)

Terceira Parte

ASSUMIR O PRÓPRIO DESTINO

1
CARTA À DORA (M)
E A TODOS QUE NOS A DORA

João JOAQUIM

Mergulhastes na maré que recolhia-se ao mar
Sucumbistes nas ondas levando minha metade,
fiquei a esperar que as águas retornassem,
na espera componho poesias na areia molhada
e ligo o vídeo de nossas juras...

Nos conhecemos no combate as enchentes
casas caiam e o povo gemia de dor.
paixão não foi só o que nos uniu,
nossa relação transcendia ao afetivo,
éramos, também, companheiros de LUTA e VIDA.
O amor se acaba como tudo que é humano

a luta fica, é processo, história... revolução!
Assim éramos nós...

Lamento que agora a "militância" seja a grande acusada,
a seis anos ela foi condenada de subversiva,
custou-me a expulsão de Belém e o exílio em Fortaleza.
Hoje, na linguagem moderna,
acusa-as de "desgastar a relação"
e custa-me tua partida.

Sim Dore,
é verdade,
impossível divorciar-me do combate,
nele aprendo a amar... a ter esperança...
é a única possibilidade da paz.

Esquecestes que assim me conhecestes?
E que nunca prometí mudar?

Como todo guerrilheiro... caminho
a mochila pesa bem mais que antes
mas o corpo ainda resiste e segue em frente.

Na sacola, tuas saudades,
no coração, uma tristeza infinda,
sinto-me só, pior, abandonado no meio do combate,
invade-me então a terrível sensação de ter sido traído

(não na carne, no sangue guerreiro)
e consolo-me na esperança
de um dia entender o por quê de tua fulga !

Fostes a primeira,
a última, talvez não,
certamente a única.

Permaneço em frente ao mar
a maré que foi um dia a de voltar

trazendo de volta minha metade
    (enquanto isso caminho imcompleto... mas caminho)

Quanto a ti,
As praias são tantas...
trazendo de volta minha metade
    (enquanto isso caminho imcompleto... mas caminho)

Quanto a ti,
As praias são tantas...
em alguma delas seras feliz.

É o que espero.[1]

A tinta seca na carta que acabo de escrever para Dorinha. A mulher que amo acaba de me deixar. Ela partiu de um dia para o outro. Sem verdadeira razão, sem explicações. Com o olhar no vazio, tento entender o abalo que me atinge e me paralisa.

Dorinha não está mais a meu lado. Ela não suportava mais a pobreza aqui, não queria mais passar sua vida de reuniões em manifestações. Estava cansada da luta. Ela achava que eu estava ausente demais de nossa história e envolvido demais na história dos outros, na vida do bairro. Então ela me deixou.

Fiquei aniquilado com a decisão dela e não consigo entender. Escrevi esta carta para ela. Para lhe falar de mi-

---

[1] N.E. Esta carta a Dora é o texto original escrito por João Joaquim.

nha dor e para lhe dar parte das questões que se chocam em minha cabeça. Mas a espalho também no Conjunto Palmeiras, pois não foi só a mim que ela abandonou. Foi a todos daqui, a comunidade.

Não soube entender seu cansaço, não soube escutar sua vontade de novidades. Mas, de qualquer maneira, não pude responder a suas expectativas. Outro homem o fará, longe daqui.

De minha parte, não posso mais deixar as Palmeiras. Não posso deixar de me envolver na transformação dessa favela.

Vi dona França ser morta em um ônibus por causa de uma barra de ferro que se soltou e atravessou o peito dela.

Vi Neguinho de Aço, o bandido, o marginal, ser metralhado na avenida em pleno dia, e os culpados nunca foram identificados.

Vi Francisco, alcoólico, deficiente mental, órfão, mendicante, andar pelas ruas das Palmeiras e ficar vagando até o suicídio.

Li a certidão de óbito da pequena Marilete, li as palavras que diziam que a má nutrição a tinha matado, aos 12 anos.

Vi Antônio morrer afogado em uma fossa cheia de água porque não existe saneamento básico no Conjunto Palmeiras.

Vi casas destruídas, ruas inundadas, crianças andando entre os excrementos; vi a morte sorrir em cada esquina. Vi tantas outras coisas.

Não posso abandonar essas pessoas a sua sorte. Minha vida é aqui. Meu engajamento militante fez Dorinha fugir, mas é este engajamento que me permite continuar a viver sem ela.

Lamento apenas que ela tenha partido agora, quando um vento de mudança sopra no Brasil, e que a esperança de uma vida melhor para nós, os moradores dos subúrbios desfavorecidos, parece poder tornar-se realidade.

A ditadura acabou-se. A nova Constituição acaba de ser votada. Ela deixa o lugar ao surgimento oficial dos partidos políticos, a uma democracia de debate. Apesar da hiperinflação que sofremos há uma dezena de anos e da esmagadora dívida externa do país, a conjuntura econômica também nos é favorável. Nós nos tornamos um "país emergente", como dizem os economistas. Nosso crescimento permite alcançar, em parte, os países desenvolvidos.

Toda a nuança está, certamente, nesse "em parte". No Brasil, os muito ricos vivem ao lado dos muito pobres. As desigualdades gritantes continuam a ser nossa "marca registrada". Mas os meios de lutar não são mais os mesmos do tempo do regime militar, pois o contexto no qual evoluímos está mudando profundamente. Não é mais o tempo de fazer oposição radical ao poder: é preciso ocupar o espaço, mas ser inteligente. Fazer propostas e fazer alianças com parceiros que possam apoiar-nos e ajudar-nos.

2
PESQUISADOR POPULAR

O barulho das cadeiras, que instalamos, cobre os gritos alegres das saudações. Cada um gasta tempo para tomar seu lugar, e o começo da reunião eterniza-se antes de entrarmos de fato no assunto. É um hábito. Nunca somos de uma pontualidade absoluta.

No pátio coberto de madeira, tento acalmar a agitação que se prolonga. Eu explico o princípio do exercício que vamos fazer em tamanho natural. No chão, estendi grandes folhas de papel castanho, coladas umas às outras com fita adesiva. Preparei um pote com canetas hidrográficas coloridas. Bato os pés com impaciência. Com meu grande sorriso, os outros me tomam por um visionário. Apresso-me a começar para que compartilhem de meu entusiasmo. Estendo uma caneta a Nelza, que se esconde atrás do grupo, cética: "Vamos, é tua vez".

Ela se aproxima das folhas de papel estendidas, lança para mim um olhar interrogativo. Eu a animo com um sorriso e um aceno de cabeça. A mulher de uns quarenta anos, com traços burilados pelo sol, ajoelha-se diante das folhas. Ela hesita. Olha para nós de novo. Renovo meu aceno com a cabeça. Ela acaba lançando-se à ação e faz, a partir de um ponto vermelho, um traço para o alto. Ela diz:

— Deve ter sido em 1980. Você sabe, Joaquim, as datas não são meu forte. Eu me lembro, foi um pouco depois da chegada de Marina, minha vizinha, e acho que ela veio nesse momento...

Eu a coloco à vontade:

— Não te preocupes. As datas exatas não são importantes, é apenas para ter uma ideia.

— Por esses anos, meu irmão morreu. Pegou uma doença, não me lembro mais do nome que tinha na época. Não deu tempo de levá-lo ao hospital. Ele morreu. Para mim, foi um momento muito triste.

O pessoal murmura na sala, todos se lembram de Elizeu.

— Depois, os poços secaram. Lembro-me que disse para mim mesma: pronto, todo dinheiro que a gente ganharmos será apenas para comprar água. Além disso, a água que nos vendiam era tão amarela, que deixava uma camada de lama no filtro no qual a passávamos...

Nelza entra no jogo. Não solta mais a caneta e se desloca um pouco para o lado. Lentamente, traça um segmento para baixo, que termina com um ponto verde.

— Em 1987, nasceu minha primeira netinha, foi um momento muito feliz. Todos nos encontramos na maternidade comunitária para levar comida e bebida para ela e para minha nora. Foi uma festa bonita. Depois vieram todas as duas a se instalar na casa com meu filho.

Eu sorrio e a parabenizo.

— Perfeito, obrigado, perfeito!

Inácio toma a vez. Ele começa antes do ponto de Nelza. Inácio chegou a Palmeiras em 1979. Escolheu inscrever essa data nos momentos dolorosos. Isso não me espanta. Para muitos moradores do bairro, o início na favela assemelha-se a um traumatismo. Foram expulsos do litoral para serem alojados aqui, prometendo a eles mundos e fundos e fazendo-os viver em condições ainda mais desumanas que aquelas que conheceram nos subúrbios perto das praias de Fortaleza.

Com uma voz atravessada de amargura, Inácio explica a escolha de sua cruz. Sou eu quem anota o que ele diz, porque Inácio não sabe escrever. Ele conta que naquele ano foi expropriado de sua casa e que um caminhão trouxe suas coisas para cá em caixas de papelão. Aqui deveria fazer sua vida. Seus punhos se fecham quando ele revive, através de seu relato, as palavras que ele opôs às pessoas que o obrigaram a partir:

— Não vou para Palmeiras. Não nestas condições. Vou ficar aqui até que derrubem minha casa. Sou pai de família, para ganhar um pouco de dinheiro sou obrigado a fazer serviços extras, encontrar pequenos biscates cá e lá. Se for para Palmeiras, a miséria é certa: vou dormir na rua e não terei ônibus para ir para o trabalho.

— E o ponto positivo, Inácio? — pergunto para interromper as lembranças amargas.

— Você se lembra daquela vez que fizemos a manifestação pela água na Cagece? Sabíamos que era a última oportunidade porque, depois, ou eles cediam ou era o fim!

Nós demos risada ao observar o rosto dele passar em dois segundos de uma grande tensão para um largo sorriso. Éramos cerca de vinte pessoas reunidas. Relembramos o conjunto da história da favela. Tanto os bons momentos como os maus. No papel, os riscos para o alto, em vermelho, recapitulam os episódios mais dolorosos e os que frearam a evolução do Conjunto Palmeiras. Para baixo, em verde, as retas evocam todos os acontecimentos positivos, os que nos fizeram avançar.

Por intermédio da prefeitura de Fortaleza, encontrei Yves Cabannes, um urbanista francês que ensina hoje na University College de Londres. Com sua ONG, o Grupo de Pesquisas e de Estudos Técnicos, Yves iniciou um programa inovador. Ele quer apoiar-se nos atores da cidade para que eles contem sua história. O que interessa é ter o olhar dos moradores dos bairros invisíveis nos mapas oficiais. Ele anda pelas favelas de Fortaleza para escrever a história dos espaços urbanos marginalizados, essas zonas que nós ocupamos e de quem ninguém fala. As autoridades, tendo negado nossa existência, nossa história coletiva não deixou traço em parte alguma. Yves nos dá ferramentas para dizer que existimos aqui e agora, e nós mesmos fazemos o relato de nosso passado.

Nos anos que se seguem, esse programa tomará amplitude. A vida política se democratiza, os novos líderes populares precisam se formar. Cada partido, cada organização designará pessoas que virão seguir essa formação que batizaremos de "Pesquisadores Populares". Eu me tornarei, a partir de meados dos anos 1990, um dos animadores dessa escola diferente das outras, que formará cerca de 200 líderes comunitários em Fortaleza para que eles iniciem um movimento em seus bairros, restituam a memória de seu território e difundam os saberes.

Por enquanto, porém, sou um dos primeiríssimos a inaugurar esse programa de "pesquisa-ação". Minha missão é contar a história do Conjunto Palmeiras. Para a forma, tenho carta branca. Posso utilizar o suporte que for, a fim de animar os moradores a exprimir sua história íntima que se mistura com a aventura coletiva. Optei por instalar esse grande quadro. Traçamos as linhas de vida dos moradores do Conjunto Palmeiras, e o entrançamento desses destinos entrecruzados escreve a história de nossa favela.

No final do trabalho, dezenas de linhas se cruzam e entrecruzam. É emocionante olhar para o quadro. As paredes da associação estão cobertas de traços coloridos que se encontram e se confundem. Nossa história toma forma. As lembranças convergem em certos momentos fortes: a chegada ao bairro é vivida como um traumatismo; a batalha pela água constitui o auge para quase todos.

Todas as noites, enquanto a favela dorme, eu transcrevo as linhas em palavras. E reúno todo o relato comunitário em um pequeno livro: "Memória de nossas lutas".

Passo minhas noites sem Dorinha a escrever. Trabalho duro no papel frágil para escrever artigos apaixonados que envio para a seção de carta dos leitores dos jornais. Encho cadernos para criar personagens de ficção que se animarão mais tarde no cenário. Desde que deixei a Igreja, sou professor no colégio Marieta Cals. Montei ali um grupo de teatro, Resistência. Encenamos peças com mensagem para denunciar nossas condições de vida, dentro da tendência do teatro do Oprimido. O teatro é minha nova paixão. Enceno as comédias e as tragédias que escrevo. No palco, misturamos representação, dança e pintura. É um verdadeiro festival de cultura popular. Nossa arte nos permite também viajar: somos convidados para fazer representações nas escolas e nas igrejas do resto da cidade. E com certo sucesso!

Passo meus dias sem Dorinha investindo na vida do bairro. Mergulho nas reuniões da associação. Crio na escola um centro de documentação. A ideia me veio ao trabalhar no projeto Pesquisadores Populares. Com meus alunos, coletamos elementos de memória da favela. Em meu ensino, animo as crianças a irem em busca do passado de seu bairro. Consegui uma pequena sala para colocar aí todo o material coletado: fotos, transcrições de testemunhos, desenhos.

Trabalho e esqueço. Curo minhas feridas tentando cuidar das feridas dos outros. No começo de 1991, acontece um projeto que mudará nossa vida.

3
O CANAL DE DRENAGEM

— Por que o governo alemão se interessa por nós? Que proveito tem em vir ajudar um bairro pobre aqui?

A pergunta é abrupta e incisiva. É dirigida a Brunke Brunken. Ele é um engenheiro enviado ao Conjunto Palmeiras pela GTZ, a agência de cooperação do governo alemão. Ele enfrenta a cova dos leões dos moradores da favela. Reunimos os membros da associação dos moradores no pátio para que ele possa expor o princípio de seu projeto. A Alemanha, a prefeitura de Fortaleza e o Estado do Ceará vão financiar infraestruturas em nosso bairro, de maneira participativa. Nós nos tornamos parceiros dos organismos oficiais, mas não perdemos nada de nossa virulência retórica.

Mesmo com boas notícias, um interventor externo à comunidade deve dar provas antes de ser aceito! Imagino que o exercício não deva ser fácil para ele, mas Brunke Brunken se sai muito bem:

— Nós somos um país rico e fazemos comércio com o país de vocês — responde o engenheiro alemão, que não se deixa desconcertar pela assembleia de caras fechadas e braços cruzados. Nossa política é ter relações comerciais com o Brasil, e não está em nosso interesse econômico construir uma parceria com um Estado que conhece graves desigualdades. Minha missão é diminuir entre vocês os riscos sociais para reduzir a insegurança e garantir um negócio estável.

A sinceridade dele, o lado direto de sua resposta, deixa-nos sem voz. Estamos habituados aos discursos miserabilistas e às falsas promessas de caridade quando chega a hora das eleições. O fato de alguém nos dizer claramente que nos ajuda, mas que é de seu interesse, ficamos realmente surpresos. E nos seduz. As bases da confiança estão aí. Um laço firme se estabelecerá pouco a pouco entre nós, os alemães e os técnicos da prefeitura de Fortaleza que compõem o programa Pró-Renda.

Nós fomos selecionados para ser uma das quatro favelas de Fortaleza que se beneficiará com essa ajuda excepcional. A cooperação alemã estabeleceu um princípio com a prefeitura: ela fornece dinheiro — uma soma enorme, equivalente a dois milhões de reais atuais — e assistência, mas o projeto deve ser conduzido pelos próprios moradores.

Para isso, os organizadores do programa definiram dois critérios de seleção: o bairro deve ter uma necessidade gritante de infraestruturas e uma população organizada em associação ou federação para poder gerir o projeto. Nós respondemos sem problemas às duas exigências, ao contrário da maioria dos bairros da cidade.

Em 1989, organizamos um seminário: "Habitar o inabitável". O slogan, escrito com caneta hidrográfica em um grande cartaz preso à parede, refletia a amplidão do desafio que nos propúnhamos levantar. Em redor da grande mesa, colocada sobre um estrado, as associações de moradores do bairro se sucederam o dia inteiro na tribuna.

Nenhuma exceção tinha sido feita na lista dos participantes: a associação dos alcoólicos anônimos, a CEB, as pastorais, as ligas esportivas, o clube de teatro, os grupos de mulheres e de jovens e, é claro, a poderosa Asmoconp, a Associação dos Moradores do Conjunto Palmeiras.

Tínhamos definido o "pacto social" do bairro, com o conjunto de seus atores, e nos pusemos de acordo sobre uma prioridade comum: a construção de um canal de drenagem, uma infraestrutura que permitiria regular as inundações e conter as epidemias devidas à insalubridade. Tínhamos chamado essa aliança entre os líderes comunitários de "Olha nós aqui de novo". Para não esquecer que depois da luta pela água, o movimento deveria prosseguir.

Esse seminário permitiu que definíssemos um método que nos guiou durante todos os anos em que construímos nosso bairro: o consenso. No momento de nossa candidatura para o canal de drenagem, escolhemos reunir todas as associações sob a bandeira de uma única federação: a União das Associações e Grupos Organizados do

Conjunto Palmeiras (Uagoconp) para evitar que os líderes passassem uma rasteira. Nossa preocupação é que as diferentes estruturas não entrem em concorrência, mas se unam no processo de desenvolvimento e nas discussões com os poderes públicos.

Nessa época em que o Brasil se reencontra com a liberdade de expressão, cada representante de organização do bairro empenha-se também na renovação republicana. Cada um milita em um partido diferente, e quero evitar que a política predomine sobre os projetos da favela, que os presidentes de associações dividam-se por causa das consequências eleitorais em sua formação política.

Na Uagoconp todas as associações estão representadas e têm direito a voto para cada decisão que tomamos. Cada voz pesa tanto quanto as outras, e optamos por uma presidência rotativa, de seis em seis meses. Ao nomear numerosos presidentes sucessivos, o sistema permite fortalecer o ego de todos, não deixando tempo para que os dirigentes imponham-se em detrimento do coletivo.

O processo pode parecer complexo, mas é muito eficaz. A decisão é coletiva, mas a realização concreta é delegada a uma ou outra das associações. Assim a Uagoconp votou os trabalhos do canal de drenagem, mas é a Asmoconp que acompanha no dia a dia.

Graças ao Pró-Renda, estamos pela primeira vez em medida de agir em toda a nossa vida. Essa experiência mudará nossas vidas. Sem essa passagem pelo exercício de responsabilidades, nunca poderíamos ter inventado, dez anos mais tarde, o modelo do Banco Palmas. Durante a construção do canal de drenagem, aprendemos a gerenciar contas, organizar recrutamentos, regular salários, gerir estoques, planejar e verificar o avanço dos trabalhos... Nós nos tornamos chefes de obra!

Brunke Brunken detalha o conjunto do programa diante de um público que, agora, bebe suas palavras. Ao lado dele está uma moça de cabelos vermelhos e pele clara. Sandra Magalhães é assistente social da cidade. Faz parte da equipe da prefeitura que controlará o projeto. Essa moça, de 18 anos apenas, não corresponde à imagem habitual das assistentes sociais. Eu as conheço bem. São figuras recorrentes em minhas peças de teatro, nas quais as caricaturo com prazer.

Eu me inspiro naquelas que encontrei quando era diretor do Centro Social Urbano, no final da ditadura. Augusto as chamava de as "insistentes" sociais. O espectador reconhece logo a "assistente social" por seu porte — formal e artificial; por seu batom vermelho nos lábios e pelos dois acessórios que ela leva consigo para se distinguir do "povo": a bolsa e a agenda.

Uma assistente social tem sempre um caderno que guarda religiosamente como se se tratasse da Bíblia. Ela o consulta com o respeito piedoso que se reserva comumente aos textos sagrados e o usa como se faria com um crucifixo contra os vampiros: para manter a distância os miseráveis da favela.

Contudo, a maioria das assistentes sociais no Brasil, nos anos 1970-1980, tinha também saído dos meios modestos, mas elas não queriam, sobretudo, ser assimiladas com as pessoas dos bairros pobres com as quais trabalhavam. Para elas era ponto de honra aplicar as orientações políticas definidas pelas autoridades. Elas tinham a missão de manter as populações pobres em um processo de assistencialismo e santificavam a mínima ação do Estado, mesmo quando este não fazia nada mais que seu simples dever de solidariedade mínima, muitas vezes em defasagem com as expectativas dos moradores. Para as famílias que lutavam dia a dia para sobreviver, elas faziam sempre uma pergunta ritual, folheando a agenda: "O que vocês fizeram depois de nosso último encontro?" Quando, no palco, as atrizes repetiam essas palavras, a sala dava risadas.

A moça atenciosa, que fica ao lado do engenheiro alemão, não se parece com as caricaturas que pinto em meu grupo de teatro. Ela me intriga. Decido ir falar com ela. Tenho uma aproximação um tanto brusca.

No final da reunião, avanço a grandes passos para ela, com minha bolsa a tiracolo cheia de documentos e de panfletos saindo para fora. Com a barbicha que acentua meus traços e meu olhar fixo, devo ser magro de dar dó e ter o aspecto de um maluco.

Sem lhe dar tempo de me saudar, eu ataco de chofre:

— De que lado você está: com o governo ou com a comunidade.

— Vamos lá, calma, responde ela, tentando manter-me a distância.

Se eu não a conheço, ela sabe perfeitamente quem sou eu. Minha reputação me precede. Na prefeitura, ela foi prevenida de que deveria gerir líderes comunitários particularmente virulentos. E especialmente " certo Joaquim, um selvagem, o diabo em pessoa".

Sandra é debutante na vida profissional. Ela foi designada para o Conjunto Palmeiras porque é uma favela distante, considerada difícil, com numerosos problemas. Nenhum trabalhador social quis acompanhar o projeto. Os antigos da prefeitura estão escaldados pelos conflitos e pelas discussões agitadas que opusemos a eles. Meu aspecto magricelo e minha abordagem abrupta são apenas para me tranquilizar...

— Calma! Estou aqui para fazer um trabalho, e fazê-lo da melhor maneira possível, no contexto do pacto que temos com a comunidade — responde-me ela, rejeitando a abordagem simplista que consistiria em escolher um campo.

Sandra se distancia de mim. Ela tem o programa na cabeça e sabe apegar-se a ele. O pacto com a comunidade é o seguinte: os moradores decidem o rumo a tomar, e os técnicos os ajudam a concretizar suas escolhas. Durante dois meses, a jovem assistente social fará o giro pela comunidade, estabelecerá laços com os diferentes líderes comunitários e as associações do bairro, recolherá a palavra deles, partilhará das expectativas de uns e dos outros para fazer-se uma ideia da situação da favela e das prioridades de seus habitantes.

Ela não quer deixar convencer-se por meu único ponto de vista, embora eu pareça ser o mais combativo e obstinado do bairro. Ela sabe que eu sou um ex-seminarista e que para mim é fácil me exprimir nas reuniões e nas manifestações. Sandra não quer que meu discurso seja a única referência para toda a comunidade. A função dela é escutar, dar conta e propor. Eu tenho o gene da luta, ela tem o da atenção, da análise e do contato.

Essa "moça" força o respeito.

4
PERIPÉCIAS NO CANTEIRO DE OBRAS

Nós já tínhamos construído um embrião de canal de drenagem. Um projeto experimental que eu tinha realizado quando era diretor do CSU, durante o mandato de Maria Luíza Fontenele. Com os dois milhões de reais da GTZ, poderemos construir infraestruturas de amplitude totalmente diferente! Falta definir o traçado.

A Uagoconp é o centro dos debates. Toda decisão deve ser aprovada por esse fórum das associações do bairro, depois cabe a nós, a Asmoconp, realizá-las.

Brunke Brunken e os técnicos da prefeitura instalaram um grande quadro para nele desenhar o futuro canal. Enquanto eles traçam com caneta hidrográfica o itinerário ótimo, segundo eles, na grande folha de papel, às costas deles se levanta um grande alarido. As pessoas se olham, interpelam-se e protestam cada vez mais. Depois de alguns minutos, a voz do engenheiro torna-se inaudível, coberta pelas palavras e as invectivas dos moradores.

Uma parte do plano esboçado no quadro concentra seus protestos. O ponto nevrálgico da guerra é o desvio que os técnicos impõem a um braço do canal, que passa ao sul do bairro. Desde que o Conjunto Palmeiras existe, a água passa pelas ruas Iracema e Valparaíso. Mas os engenheiros traçam um percurso que bifurca à esquerda nesse lugar, desviando-se do que nós consideramos como a linha "natural" da água.

A ciência afronta a experiência. Os engenheiros nos explicam que o curso natural da água não se situa onde nós pensamos, que todos os cálculos e até as fotos aéreas do bairro provam isso. Nós retrucamos que vemos isso todos os dias: a água que corre para esse lugar, debaixo de nossos olhos. Eles nos explicam que nós, com o uso, modificamos o curso da água, por derivação.

Dona Carmosita pulou de sua cadeira de plástico branco. Dona Carmosita é um pouco "original". Ela representa a associação Fossa Maior. É conhecida por sempre dizer muito alto o que lhe vem à mente, sejam quais forem as circunstâncias, seja qual for a mensagem que queira transmitir.

— Então é isso: eu estou maluca! — grita ela.

Ela se dirige rapidamente para a frente da sala onde os profissionais fazem sua apresentação:

— Desde 1975 eu enfrento as inundações. Passei por este lugar às vezes com água no pescoço — faz a imitação com gestos amplos. Quantas vezes tive de atravessar a rua a nado, com um braço estendido fora da água para manter secos os negócios que transportava? Eu estou maluca, é isso? O curso da água nunca passou por lá? Isso nunca existiu?

Os engenheiros ficaram um instante boquiabertos, antes de retomar sua argumentação. A discussão é longa. Paulo Garcia, arquiteto chefe, repete ponto por ponto as razões dessa escolha. Nós decidimos confiar neles: o canal seguirá o traçado que eles aconselham. Mas conseguimos que eles acrescentem uma derivação para que o curso do saneamento passe também pelo que pensamos que é a inclinação natural da água. Esta parte será construída um pouco mais tarde.

Em um outro debate animado da Uagoconp, dona Carmosita consegue, dessa vez, vencer os técnicos. Devemos definir a estrutura do canal entre as ruas Maísa e Cantinho Verde: fechado ou a céu aberto?

Os técnicos da prefeitura privilegiam a segunda opção, menos cara e que nos permite economizar tendo em vista outros trabalhos. A opção deles não é só financeira: estudos recentes mostram que esse procedimento permite evitar os riscos de contaminação ao reduzir a proliferação de animais daninhos e de bactérias.

Com essas palavras, dona Carmosita explode em uma de suas raivas legendárias:

— Que maldição! Os ricos têm um canal fechado e eu terei o canal do pobre! — lamenta-se ela, tomando os outros moradores como testemunhas. E se houver bandidos? Vocês todos sabem que nós vivemos em um bairro onde há problemas de segurança! Os policiais vêm a cavalo; se eles perseguem os delinquentes, os pilantras vão pular no canal e fugir, e nós seremos o bairro que ajuda os bandidos a fugir!

A intervenção dela não tem nenhuma lógica. As palavras estão desconectadas e não têm relação com o debate. Mas exprimem uma aspiração forte da comunidade: não se deixar levar. Nós nos mobilizamos para construir nossa própria infraestrutura e não queremos um "subcanal".

Para os moradores, acostumados por anos a ver suas casas inundadas, beneficiar-se com um canal fechado é também não ter mais constantemente as águas salobras sob os olhos. Poder viver em um mundo seco. Aqueles que enfrentaram de frente, de maneira inexorável, o desencadeamento dos elementos naturais, querem poder enfim dominá-los, fechá-los debaixo do chão, para não ter mais de experimentá-los.

As pessoas concordam com as palavras de dona Carmosita, embora não sejam coerentes. E quando ela se cala, a assistência a aplaude entusiasticamente, embalada pela loucura de seu discurso.

— Sim, é verdade — dizem —, é preciso fechar o canal contra os bandidos! É verdade, não queremos um canal a céu aberto!

Os técnicos da prefeitura ficam sem voz. Eles se defrontam com um diálogo de surdos entre o saber e o ressentimento. A decisão é posta em deliberação, e é dona Carmosita que triunfa emocionada: o canal será totalmente fechado, em toda a extensão. A vontade da comunidade acaba de se exprimir pelo voto. Os engenheiros não compartilham nosso ponto de vista, mas não têm outra escolha senão se conformar.

O bom humor e a gentileza de Brunke Brunken põem óleo na engrenagem, e a paciência sem limite de Sandra faz nossa voz, tão particular, ser ouvida pelos funcionários da prefeitura. Ao longo de todos os trabalhos, de 1992 a 1997, os técnicos arrancarão seus cabelos. E nós, aprenderemos, na prática, como se urbaniza uma favela.

Nós recrutamos os operários para fazer os trabalhos, pagamos seus salários e nos cuidamos de seguir o progresso do traçado. No começo, para mim, todas essas noções são tão obscuras como chinês. Brunke Brunken propõe que eu assista a cursos com os engenheiros, muito distante da filosofia e da teologia que aprendi no seminário. Mas minha formação inicial me dá uma vantagem sobre os outros moradores do bairro. Ela estruturou meu pensamento. Mergulho nos manuais que descrevem o trajeto das canalizações, a formação dos sistemas de evacuação da água. Estudo os planos, os diagramas, os desenhos industriais... Pergunto e verifico. Para conduzir os debates ou enfrentar os engenheiros e os técnicos quando temos divergências de visão, eu não tenho escolha: devo ser agudo em minha argumentação.

O bairro se transforma. Uma imensa trincheira é cavada debaixo dos olhos dos moradores, que veem o Conjunto Palmeiras se metamorfosear. Dorso nu debaixo do calor, os operários — todos provenientes do Conjunto — removem a terra o dia inteiro, carregam montanhas de barro, quebram pedras e ensamblam infraestruturas metálicas.

Nós designamos duas pessoas para fazer o orçamento e a contabilidade, Ivoneide e Maximino. Eles não pertencem à associação, mas devem prestar contas a nós, todo fim de mês. Ivoneide se aproveita dos trabalhos para se formar. No final do projeto, sua experiência lhe permitirá encontrar um trabalho.

Matias, ex-tesoureiro da associação, forma-se também em contabilidade; Auricélio, na profissão de forjador; e Juscelino, em carpintaria. Todos nós aprendemos ao mesmo tempo em que construímos. Os trabalhos são um período de formação intenso para todo o bairro, os trabalhadores com a GTZ, mas também os líderes que trabalham na escola de planejamento urbano de Cearah Periferia, a estrutura que põe em música o seguimento do programa Pesquisadores Populares. Nos locais da ONG, eu me encontro regularmente com Patrick Bodart, um engenheiro belga que trabalha sobre as questões da água. Ele me dá conselhos para os trabalhos do canal e me explica as diferentes tecnologias existentes para o saneamento nos bairros pobres.

Dia a dia, a aparência do Conjunto Palmeiras se transforma. Os moradores que já se beneficiam com o progresso do canal veem suas vidas melhorar radicalmente. Os que moram mais longe queriam que os trabalhos já tivessem acabado, para dispor do mesmo "conforto".

Acabaram-se as preocupações dos primeiros vizinhos. Atualmente, todo mundo desejaria que as obras avançassem mais depressa. Lindalva, em sua quitanda, queixa-se toda a vida das reuniões. Não se importa com a democracia participativa e queria que sua casa fosse imediatamente transformada.

Somos cada vez mais submetidos à pressão da impaciência popular quando começa a estação das chuvas em 1993. Temos de fazer uma escolha dura. Com a chegada programada das grandes tempestades, os engenheiros nos aconselham a parar a obra e suspender o avanço do canal até que passem os dias ruins do inverno. A terra do Conjunto Palmeiras é movediça, mole. Os dilúvios correm o risco de tornar difícil o avanço dos trabalhos por causa do solo saturado de água.

Nós decidimos os dias em que os operários trabalham e os dias em que eles folgam. Definimos o plano dos trabalhos e o do rodízio dos trabalhadores. Os avisos dos profissionais não pesam muito contra a demanda do bairro que nos apressa para prosseguir e terminar o quanto antes. À beira do canal de drenagem, a favela abandona seu aspecto de favela. Vemos que nosso sonho está tornando-se realidade, e não temos coragem de fazer uma pausa, ainda que razoável. Votamos pela continuação dos trabalhos, apostando no material que alugamos, uma escavadeira específica para os solos úmidos como o nosso.

Os técnicos nos olham, assustados com o voto que ratifica nossa decisão. Esses homens do ofício não podem deixar de se alvoroçar esperando uma consequência trágica que sabem que é inevitável. Mas não podem opor-se. O contrato é claro. Somos os chefes da obra, aconteça o que acontecer.

Damos o recado aos trabalhadores. Na manhã seguinte, o condutor liga a máquina. O motor ruge. A escavadeira se prepara para afundar seu braço no chão para cavar um grande buraco. Mas muito depressa o grito do motor é substituído por um zumbido de natureza diferente. As rodas patinam, jogam lama em todos os que trabalham em volta.

Assistimos, impotentes, ao naufrágio da escavadeira. A máquina afunda a cada minuto um pouco mais na lama da vala. A aceleração feita pelo motorista não muda nada. Alguns homens tentam ajudar, empurrando a escavadeira, mas ela não se move um centímetro. Nossa principal ferramenta está imobilizada, inclinada 45 graus no canal.

Os técnicos tinham razão. Mas essa vitória intelectual não apazigua absolutamente a raiva deles. Para os serviços da prefeitura nós somos completamente inconscientes por ter maltratado assim uma escavadeira!

Os engenheiros estão loucos de raiva. O preço com que alugamos a máquina — muito alto — não adianta de nada. Além disso, é o único veículo desse tipo no raio de quilômetros: não podemos alugar nenhum material de reposição, o que agrava mais o nosso caso na visão deles.

— A gente faz besteiras, mas aprende — digo sorrindo, envergonhado, aos chefes do projeto. Nós nos enganamos. Pensávamos que tínhamos razão, mas nos formamos com a experiência.

Nossa simplicidade os deixa sem voz.

Devemos submeter-nos à realidade dos fatos. Nossa impaciência nos jogou contra a parede. Os trabalhos estão suspensos durante várias semanas. Os moradores se sucedem para ver a máquina, com a cabeça na vala. O lugar do naufrágio torna-se uma peregrinação turística para o bairro, até que um guincho tira a escavadeira da terra.

    Por trás, Sandra, com toda a sua paciência, age a nosso favor para acalmar a prefeitura. E manter um equilíbrio no meio das peripécias da obra.

5
A VIDA SUAVIZA-SE

    Faz algum tempo, a relação que mantínhamos, Sandra e eu, ia além do âmbito do trabalho. Quer dizer, apaixonei-me por ela.

    Durante o dia inteiro, uma canção passa por minha cabeça. De manhã à noite, cantarolo *Mulher Pequena*. As maracás e a guitarra dessa balada ritmam meu dia a dia. Nas palavras e na música de Roberto Carlos, há luz e alegria, há leveza e sensualidade. Há felicidade também, a doçura do viver e do amor.

    Sandra é uma mulher pequena... E quando ouço essa melodia, penso nela.

    Tenho sempre o sorriso nos lábios, mas os moradores do bairro ignoram a razão dessa felicidade. No começo, vivíamos nosso amor em segredo. Nós nos aproximamos durante os trabalhos, mas não deixamos transparecer nada de nossa ligação. Para nossos encontros amorosos, encontramo-nos protegidos dos olhares indiscretos. Nossas vidas privadas clandestinas realizam-se fora do bairro. Sandra representa a prefeitura. Eu sou o principal líder comunitário do Conjunto Palmeiras. Essa aproximação dos extremos não é tradição da favela, sobretudo, nesse período de trabalhos do canal de drenagem.

As coisas se complicam quando nossa relação começa a se tornar pública. Sandra, por sua dedicação ao projeto e à comunidade, estabeleceu um lugar entre nós. Ela é uma das nossas. Ela é cada vez mais regularmente convidada para os aniversários no bairro, ao passo que os outros empregados da prefeitura não são. E a municipalidade cobra dela o que ela faz todo o tempo conosco... Ela e eu então decidimos viver nosso amor à luz do dia. Sejam quais forem os riscos.

Como suspeitávamos, esse anúncio não deixa as autoridades indiferentes. Sandra é convocada por seu chefe à prefeitura. O "professor" Roberto, seu diretor, convoca-a a seu escritório e tenta fazer com que ela volte "ao caminho reto".

— Gosto de você, Sandra, você é como se fosse minha filha. Você é jovem, inteligente: o que você vai fazer com esse favelado? — queixa-se ele.

Ereta como um "i", diante da mesa de seu superior hierárquico, Sandra lhe responde secamente:

— É tudo o que o senhor tem a me dizer?

Ela não gosta que ele procure imiscuir-se em sua vida privada, mesmo se isso interfira em seu trabalho.

— Gosto de você, mesmo sendo desobediente — suspira ele.

Depois, passando do registro da queixa ao do conselho, ele prossegue:

— Minha filha, procure outro...

Sandra não pretende continuar muito tempo desse modo:

— Se é tudo o que o senhor tem a me dizer, vou indo.

Ela encerra o encontro dando meia-volta.

Se Sandra é uma "mulher pequena", ela tem caráter. Eu também entro em nossas discussões. Seus colegas censuram-na por estar muito perto de mim, de ser minha porta-voz e de não ter opinião própria. Essas críticas — evidentemente falsas — irritam-na.

Quando nós dois falamos, ela não se preocupa em se deixar influenciar sem argumentar. Temos discussões tempestuosas. Quando quero ir depressa demais, ela me opõe uma visão de conjunto do projeto, a da equipe da prefeitura. Ela me acalma e me obriga a considerar a realidade dos dois lados da barreira. Para mim, Sandra é essencial. Ela me ajuda a formalizar racionalmente as coisas, a não me deixar levar para fora da realidade, das possibilidades, por um entusiasmo sonhador.

As coisas ficam cada vez mais sérias entre nós. E nossa relação é igualmente forte hoje. Decido me mudar para morar com ela. Ela foi incisiva: eu deixo o Conjunto Palmeiras pela Cidade dos Funcionários, embora continue a trabalhar lá todos os dias.

Optamos por essa solução, porque o apartamento dela é mais ajeitado que o meu e porque Sandra queria poder beneficiar-se de momentos fora da comunidade. Queremos preservar um espaço de vida privada para nós. Aqui, no Conjunto Palmeiras, as portas da casa estão abertas vinte e quatro horas por dia e eu compreendo que ela tenha necessidade de um lugar só nosso. Faço minhas malas para morar no apartamento dela, a alguns quilômetros do bairro, onde desembalo minha biblioteca.

Ao separar meus papéis, encontro um artigo que tinha escrito pouco antes dos trabalhos do canal de drenagem. Era a festa do dia das mães, e eu estava longe da minha. Eu utilizava regularmente as colunas dos leitores dos jornais locais para contar nosso dia a dia.

"Senhor Redator-chefe,

Faz cinco anos que moro nesta imensa favela, chamada Conjunto Palmeiras. O eufemismo do nome esconde a dramática miséria.

Aqui vivem nossas mães com seus maridos bêbados, vítimas do desemprego; seus filhos mergulhados na droga, o único horizonte que lhes é oferecido na região; suas filhas — ainda adolescentes — grávidas alimentam um círculo vicioso sem-fim.

Esquecidas, marginalizadas, doentes, as mães nesta favela (e não só aqui) são mulheres de rosto enrugado, de seios flácidos, de corpo emagrecido, com lágrimas nos olhos. Elas oferecem o retrato de um sofrimento eterno.

Minha queridíssima mãe, neste dia, desde esta favela, eu te ofereço o único presente que posso dar: minha doação total à luta pela transformação radical desta sociedade, e que vocês — todas as mulheres e todos os homens — possam ter a possibilidade de serem felizes todos os dias."

Dou entonação ao ler em voz alta a Sandra, que sorri. Meço o caminho que percorremos desde minha chegada em 1984. Estamos ainda muito longe do paraíso, mas pouco a pouco as casas de material substituem os barracos de barro, de palha e de material reciclado. Ao longo de todo o traçado do canal, o Conjunto Palmeiras muda de aspecto. De favela, tornamo-nos bairro. Abandonamos os andrajos de favela para vestir a roupa da cidade.

Para mim também a vida fica mais suave. Com meu salário de professor, posso comprar roupas normais! Comecei a usar camisas de mangas compridas! A não ser que seja um pouco mais tarde que realize essa revolução de vestimenta, quando me torno banqueiro...

Nem sequer minha passagem efêmera pela política me tinha feito mudar de estilo. Em 1992, eu me candidatei para as eleições municipais pelo Partido Popular Socialista (PPS) para levar nossa mensagem: nada de assistencialismo. Minha candidatura era um ato de testemunho, eu sabia que não seria eleito, mas queria estorvar a Luís Florêncio Monteiro, um padeiro do bairro, que concorria pelo Partido Socialista Democrático (PSD). Ele construía uma clientela eleitoral levando as pessoas de carro para o hospital, dando a elas pão...

Com Augusto, nós éramos contra essa maneira de agir. Para nós, a solução para nossa pobreza devia estar em uma escolha de autogestão, e não na expectativa de resultados eleitorais. Fizemos um acordo: apresentar sempre um candidato saído das lutas para defender nossas ideias. Quando Augusto fazia campanha em nome do PT, eu sumia. Agora foi a minha vez de me lançar na arena política... e me deparar com um fracasso humilhante!

Consegui apenas 740 votos. Luís Florêncio teve 2.100 e foi eleito. E mesmo se, no começo, minha campanha tivesse apenas a meta de fazer existir uma palavra responsável contra a de Luís Florêncio, teria chorado de decepção.

Tirei uma conclusão: líder comunitário e vereador municipal são duas funções diferentes. O bairro está pronto a me apoiar na primeira, mas não me apoia na segunda. A consciência política demora mais a se despertar do que a das lutas. Estou um poço amargo porque, como previsto, depois de eleito, Luís Florêncio não fez nada pelo Conjunto Palmeiras.

Minha derrota é rapidamente esquecida, porque meus dias são bem cheios. Sou movido pela energia do projeto de desenvolvimento do bairro, de manhã à noite. Tenho a sorte de ter encontrado um emprego no conjunto. Ao contrário dos outros líderes da comunidade, não tenho de me levantar de madrugada para pegar o ônibus das 5h45min, passar uma hora sendo sacudido dentro do veículo para chegar ao local de trabalho longe de meu bairro e de minhas preocupações cotidianas.

Todos os dias, dou aula no colégio Marieta Cals, que Maria do Socorro dirige —, essa professora que foi a primeira a alfabetizar as crianças das ruas da favela. Essa senhora digna começou a trabalhar como voluntária antes de ser contratada pela prefeitura. Passou trinta anos no Conjunto Palmeiras. Ela nos deu seus dias e sua energia. Ao ponto de seus filhos terem ciúmes de nós, com quem ela passou mais tempo, talvez, do que com eles.

Maria do Socorro compreende meu compromisso pelo bairro e me deixa livre para organizar meu tempo como eu desejar. Juntos, tentamos renovar os métodos de aprendizagem. Damos muito a palavra às crianças, nós as animamos a tomar iniciativas, a debater. O ensino funciona através da televisão. Os alunos olham durante quarenta minutos um programa gravado e, no fim da sessão, fazem perguntas ao repetidor sobre os pontos que não compreenderam. Coloco a fita no vídeo e me apago, enquanto ela passa para organizar a coleta de documentos sobre a história do bairro, dar a última mão a uma peça de teatro ou preparar a próxima reunião da Asmoconp com as autoridades.

Através da escola estou em contato com as famílias do bairro. Conheço seus problemas, e nos falamos regularmente. Os projetos que conduzo com as crianças, também, têm consequências sobre seus pais. Quando se trabalha sobre as lutas da favela, de noite eles falam disso em casa.

Terminadas as aulas, tomo o ônibus das 17 horas para ir à Cearah Periferia. Olho a cidade desfilar debaixo de meus olhos durante uma hora, perdido em meus pensamentos e em minhas estratégias. A associação que leva em frente o projeto Pesquisadores Populares acolhe agora a Escola de Planejamento Urbano e de Pesquisa Popular. As aulas começam às 18h30min e duram até 21h30min. A gente se encontra no centro de Fortaleza todas as terças e sextas-feiras de noite e nos sábados de manhã, em torno de um sanduíche com refrigerante, para estudar os mapas afixados nas paredes dos modestos locais.

Lá eu comecei como estudante, e depois de ter sido animador da formação, coordeno hoje essa escola de novo tipo, que acolhe cerca de 200 líderes comunitários de toda a Fortaleza. Nosso princípio é a "pesquisa-ação". Nosso objetivo: permitir que os atores populares sejam motores em seus bairros e que disponham das armas para discutir de igual para igual com os poderes públicos. Descobrimos a leitura dos mapas, a análise dos planos, a confecção de orçamentos. Aprendemos as políticas sociais públicas e a maneira de conduzir questionários para coletar e organizar informações. Dirigimos também escritórios técnicos de montagem de projetos. Todos esses elementos que me ajudam a avançar nossos trabalhos do canal de drenagem. Nunca volto para casa antes de 23h30min.

Os lazeres são as reuniões com a associação e a praia, no fim de semana, para onde se vai em grupo e de ônibus. A Escola de Planejamento Urbano também permite as primeiras viagens. Uma delegação da cidade de Dunkerque veio fazer-nos uma visita e nos convidou para ir à França apresentar nosso modo de funcionamento.

Em 1997, saio do Brasil pela primeira vez em minha vida. Pego o avião para ir a um seminário em Grand-Synthe, no norte da França. Depois fui convidado para ir ao Senegal e à África do Sul, sempre por intermédio de Yves Cabannes e da Cearah Periferia. Desses encontros ricos nascerá um projeto, animado sempre hoje por Patrick Bodart a partir da sede de sua associação Periferia em Bruxelas: a criação de uma rede de "capacitação cidadã", neologismo que designa essa aprendizagem da decisão e da ação pelos atores dos bairros.

Fui também à sede da cooperação alemã, a GTZ, em Eschborn, perto de Frankfurt, para aperfeiçoar meus conhecimentos urbanísticos.

Essas formações me permitem continuar a lutar também em outras frentes além do canal de drenagem, e desta vez com novas armas, com argumentos técnicos cada vez mais afiados.

Não abandonamos a batalha dos transportes.

Submetemos à prefeitura um projeto para melhorar a comunicação com nossa favela: criar dois sistemas de ônibus para o Conjunto Palmeiras. Um ligaria diretamente com o centro da cidade e se chamaria Expresso. Seria para os que têm de ir trabalhar e perdem um tempo danado em cada parada. O outro pararia em cada ponto, como de costume, e seria o Parador.

O projeto foi aceito no final da década de 1990, e prolonga a vitória que tínhamos obtido no começo da década. Na época, tivemos uma discussão acerca de números com a prefeitura. Ela afirmava que 15 ônibus passavam por nosso bairro, ao passo que nós afirmávamos que eram apenas sete.

Para provar o que dizíamos, realizamos um estratagema e nos "escondemos" diante da parada principal do ônibus, de 3 horas da manhã até 22 horas, para verificar o número de carros que passavam.

Cada vez que ouvíamos o ruído de um motor ao longe, tirávamos nosso caderno e a caneta para anotar o número e a placa do ônibus ao lado da hora da passagem. No final de nosso tempo de vigia, tínhamos contado um número de ônibus um pouco mais elevado do que o que tínhamos anunciado à prefeitura — oito em vez de sete — mas bem inferior ao que nos tinham afirmado que tinham posto em circulação.

Ciro Gomes, o prefeito, ficou aborrecido. Porque era sincero nos números que apresentava. A diferença entre a tabela e a realidade significava, portanto, que no circuito — entre a fatura paga pela prefeitura para 15 ônibus e o resultado em circulação — havia um problema. O prefeito tinha construído sua imagem pública sobre a transparência financeira. Não podia permitir que estourasse um escândalo. Não sei se algum processo ou um procedimento administrativo se seguiu, esclarecendo uma história de corrupção ou de desvio de dinheiro. Tudo o que sei é que o assunto acabou sendo resolvido. A própria prefeitura fretou sete ônibus suplementares para fazer a ligação com nosso bairro.

No Conjunto Palmeiras, a urbanização progride. Com o canal de drenagem, o solo do bairro seca. E se solidifica. E fica possível construir casas com fundações sólidas, e nos ancorar definitivamente em nosso bairro das "Palmeiras"! Pouco a pouco se apagam os estigmas de favela. Traçamos ruas, que foram asfaltadas e pavimentadas. Atualmente, o caminhão de gás e novos ônibus podem circular em nosso Conjunto! Podemos também organizar a coleta de lixo. O número de doenças diminui, as epidemias recuam.

Com o avanço dos trabalhos, tenho uma imensa sensação de vitória. Conhecemos a escola quando ela era apenas um estábulo, e agora temos cinco estruturas para acolher as crianças em prédios sólidos, verdadeiras escolas, dignas. A luta é absorvente, mas é gratificante.

No entanto, não foram só sucessos. Não conseguimos impedir o fechamento da maternidade comunitária. Nossa manifestação na véspera de Natal não muda nada. O centro ficou isolado demais e não tem mais o apoio necessário dos médicos e enfermeiros da faculdade de Fortaleza para continuar sua atividade.

O outro fracasso que sofremos não foi causado pelas autoridades, mas pelos moradores. Com a construção do sistema de saneamento, aprendo a me inclinar diante da decisão da maioria. Mesmo se ela o lamente hoje.

Uma vez acabado o canal de drenagem, ainda nos resta uma etapa para atingir a meta e ter um bairro plenamente urbanizado: dispor de um sistema de evacuação das águas de uso doméstico. Em toda a Fortaleza, o Estado financia a construção da rede. Mas, ao chegar aos bairros periféricos, o orçamento diminui. E para nós, sobra apenas uma pequena parte. Para paliar a falta de meios, as autoridades propõem um sistema chamado condominial.

Esse tipo de rede, muito espalhado, na época, no Brasil, coleta as águas usadas por canalizações situadas no fundo dos jardins. Os tubos têm um diâmetro menor que o sistema clássico e são enterrados a pouca profundidade.

O condominial tem a vantagem de ser menos caro que o sistema de condutos clássico. Mas em um bairro como o nosso, implica em numerosos inconvenientes.

O primeiro problema é a densidade das casas. Entre nós, os quintais são muito próximos, e a urbanização cresce permanentemente. A segunda contrariedade refere-se à natureza do solo: nossas fundações não são planas. Os pequenos tubos do sistema condominial vão evoluir segundo os movimentos da terra móvel. Bastante rapidamente, seu traçado corre o risco de não mais ser reto, mas de ter o mesmo destino que as montanhas russas: altos e baixos, à medida que o terreno evolui no subsolo. E os acasos caóticos dessas galerias subterrâneas vão causar tampões de evacuação. Sobretudo com o uso feito dos banheiros pelos moradores.

Os WC são uma invenção recente para os ocupantes da favela. Na verdade, não sabem usá-los. No curso de teatro, enceno uma peça para apresentar à comunidade o funcionamento de torneiras e dos sanitários. Nas casas, os vasos sanitários, nos quais as mulheres colocam flores para decorar seu interior, são na maioria das vezes considerados como uma nova mobília. As mães fazem aí a lavação da louça, põem a roupa de molho. Os vasos sanitários servem também de lata de lixo...

Nosso bairro precisa de um sistema de saneamento em que os tubos sejam mais largos e instalados muito mais profundamente. Mas isso custa mais caro. Muito mais caro.

A discussão com o governo é longa e difícil. Organizamos mais de vinte seminários nos quais opomos as duas fórmulas. O criador do sistema condominial chega até a fazer uma apresentação na sede da associação. Ele explica, com a força de números e gráficos, que esse dispositivo é o melhor para nós. Os agentes do Estado fazem visita de porta em porta para transmitir seu discurso. Entram nas casas das famílias, utilizam palavras solenes para convencê-los.

Nossos argumentos de líderes comunitários têm dificuldade de enfrentar o exército de especialistas. As palavras dos técnicos e, sobretudo, os argumentos financeiros — as autoridades não têm os meios para construir uma rede clássica, portanto seria condominial ou nada — dessa vez tiveram mais peso que as nossas. A cidade arrebatou a clientela com os grandes meios.

Sabemos, pelo uso, que os esgotos serão sobrecarregados. O mau cheiro que regularmente empesta ainda hoje as casas do bairro nos dá razão com atraso. Mas no momento, é a voz da prefeitura que predomina. Os moradores votam em maioria pelo condominial. Nós, os líderes, ficamos em minoria. Isso ensina também a humildade.

Não ganhamos sempre. Mas em 1997, pudemos organizar uma grande festa. Vencemos nosso desafio: a favela está urbanizada. Foi urbanizada antes do previsto: sete anos em vez de dez. Os moradores construíram o Conjunto Palmeiras! A vitória está no encontro. Mandamos fazer uma maquete, que encarna, em três dimensões, a foto que o Plano de Desenvolvimento Comunitário Integrado

(PDCI) nos oferece, o mapa sociológico do bairro, que elaboramos graças aos fundos do Pró-Renda. Essa versão em miniatura de nosso Conjunto Palmeiras mostra, em um único olhar, o que construímos com nossas mãos e o suor de nossos rostos: um canal fechado que permitiu construir ruas e casas, um loteamento de 118 hectares que acolhe pouco mais de 20.000 moradores. No entanto, quando convido uns e outros para celebrar o acontecimento, algo me intriga.

Estranhos acontecimentos ocorrem no reino do canal de drenagem...

"Aceitamos o Palmacard" — na fachada das lojas, os comerciantes afixam orgulhosamente o logotipo do Banco Palmas. Com a moeda local que criamos, os moradores podem fazer suas compras no bairro: 30.000 palmas estão em circulação no Conjunto Palmeiras. Nossa moeda local permite circular a riqueza em nosso bairro pobre.

(foto: Élodie Bécu — Carlos de Freitas — novembro 2008)

Quarta Parte
**LUTAR CONTRA A POBREZA,
A MOEDA DA SOLIDARIEDADE**

1
O DESAFIO ECONÔMICO

Já faz algum tempo que não encontro Inácio. Tampouco Otávio. Talvez os veja na festa que organizamos para o fim do canal de drenagem. Previmos que todos nos encontraríamos na Upam, o centro de acolhimento das crianças, onde tínhamos organizado o seminário "Habitar o inabitável". O lugar é o mesmo, mas a decoração mudou: desta vez as paredes estão pintadas, e há verdadeiras toaletes!

A transformação do edifício é a imagem da transformação do bairro. Da terra fizemos surgir ruas, das quadras, casas, e foi construído um sistema de escoamento das águas. A festa será a ocasião de um balanço.

Ao chegar, cumprimento os moradores um a um. Mas esse sentimento estranho de que falta alguém não me abandona. Meu olhar percorre os rostos da multidão alegre. Muitos são novos, que eu não conhecia. E nem sinal de Inácio, nem de Otávio.

Tocam os primeiros compassos da música. As mulheres, os homens e as crianças começam a dançar. Esboço alguns passos no braço de Sandra. Depois, junto-me ao grupo de teatro que dá pulinhos ao ritmo dos acordes. Eu os abandono no final da música para me instalar ao lado, bebendo uma cerveja.

Augusto se insinua a meu lado, com um copo na mão:

— Você também acha isto estranho, não? — pergunta-me ele. Depois, faço a lista dos ausentes... Devem faltar pelo menos uns dez, continua ele. Você tem a cabeça nas nuvens, Joaquim, você nunca vê o que se passa no bairro. Os planos, as obras, as ideias, é tudo muito bonito. Mas, às vezes, as coisas não acontecem como nos cursos que são dados na cidade.

— O que você está me dizendo, Augusto? — pergunto com o olhar ansioso e sombrio.

— Toinha me disse que várias vezes ela vê pessoas com caixotes que saem das casas novas ao longo do canal.

— Como é que é?

— Eu lhe digo, Joaquim, que as pessoas se mudam! Construímos casas novas para eles, e eles se mudam!

Estou incrédulo, mas decido ficar com o coração limpo. Digo a Augusto que devemos fazer uma pesquisa. Graças às múltiplas formações do Pró-Renda e dos Pesquisadores Populares na Cearah Periferia, tornamo-nos um exército de investigadores de campo. Profissionais da cartografia, do questionário e das tabelas estatísticas!

Formamos equipes de dois e batemos às portas de todas as casas ao longo do canal de drenagem. Antes, esse espaço era o mais pobre de toda a favela. Quando o canal secou a terra e colocou o setor ao abrigo das inundações, as casas foram reconstruídas com material, e essa parte tornou-se um bairro quase confortável, comparado ao que fora antes.

Fomos ver os vizinhos um a um para lhes fazer uma única pergunta: "Há quanto tempo vocês moram aqui?" No fim do dia, reunimos todas as respostas para tentar fazer os números falarem.

Uma conclusão salta da análise dos resultados: um quarto dos moradores da rua são novos. Compraram suas casas dos antigos moradores que deixaram o lugar uma vez acabados os trabalhos.

Raimundo fica nervoso, amargo: "Obrigado, pobres! A gente se vira, constrói para eles casas novinhas em folha, melhora seu habitat, e tudo o que fazem é revendê-las assim que adquirem um pouco de valor".

Eu não compartilho da opinião dele, nem da análise das autoridades e dos outros líderes comunitários, que raciocinam como ele. Compreendo os mais pobres que vendem sua casa. É o único bem deles. A única coisa que lhes pertence. Às vezes um golpe duro — a necessidade de pagar um advogado para um filho na prisão ou o custo da saúde de um parente no hospital — obriga a encontrar o dinheiro rapidamente e não aparece outra escolha senão vender para conseguir dinheiro na emergência. Uma brincadeira com o cinismo rotulado favelado circula no bairro: "A gente só tem os filhos e a casa; como não se pode vender os filhos..." Os pobres vendem sua casa e mergulham novamente no círculo vicioso das favelas e da moradia precária.

Outra constatação me impressiona. Agora que temos a aparência de bairro, que obtivemos o conforto mínimo, morar no Conjunto Palmeiras custa mais caro. É preciso pagar a conta da água, da luz, e também do imposto da prefeitura, o IPTU de nossas casas que não são mais que simples barracos.

É a contradição de nosso processo: realizamos uma verdadeira façanha — urbanizar a favela em menos de dez anos — e ao mesmo tempo somos sempre tão pobres. As taxas a pagar para aproveitar o conforto rudimentar são pesadas demais para as famílias mais pobres. Moradores que batalharam por mais de vinte anos para obter melhores condições de vida são obrigados a partir e não podem gozar do novo Conjunto Palmeiras, agora que ele começa a oferecer um aspecto mais sorridente.

A constatação é amarga: urbanizar sem construir ao mesmo tempo um programa de desenvolvimento econômico condena os mais precários a migrar de novo.

Não posso aceitar essa situação. Devemos encontrar uma solução. Desta vez, porém, o inimigo que enfrentamos deverá ser combatido com armas cujo uso não dominamos. É preciso criar empresas, cooperativas, gerar atividade e empregos, encontrar um meio de criar riqueza em um lugar onde não há nem vestígio dela.

Estou desorientado, mas não me deixo desestabilizar por isso. Decido reunir os moradores em um seminário:

"Habitar o inabitável 2". Com uma nova prioridade: sair de nossa pobreza endêmica.

Primeira etapa: estabelecer um diagnóstico. No Conjunto Palmeiras, 80% dos moradores têm uma renda familiar de menos de dois salários mínimos. Um quarto é analfabeto e 20% das pessoas sobrevivem graças ao setor informal. São numerosos os *cartoneros*, palavra que designa, em toda a América Latina, as pessoas que vivem da coleta e da reciclagem de dejetos. Eles puxam modestas carroças nas quais se amontoam caixas de papelão, papel, sucatas de ferro e latas velhas...

Outra inquietação me preocupa: o período de abundância de recursos exteriores ligados aos fundos do Pró-Renda logo se acabará, abrindo espaço para uma era de penúria. Tomo consciência de nosso erro: durante anos fomos beneficiados com uma soma enorme. Mas pensamos apenas no andamento dos trabalhos. Não previmos as consequências econômicas organizando cooperativa de carpinteiros, de pedreiros, ou até uma pequena manufatura de esquadria. Hoje, em 1997, estamos roendo as unhas.

"Habitar o inabitável 2" obriga-nos a olhar a realidade de frente. Depois dessas lutas e da construção, a próxima década será a da economia.

Para encontrar uma pista de solução, é preciso responder a uma pergunta: "Por que somos pobres?" A única preocupação é que nenhum de nós é economista e não pode formular uma resposta para essa pergunta.

Ao contrário das lutas passadas, eu não tenho referências, estou perdido. Antes eu sempre tinha alguma referência, tinha o controle do que iria acontecer e podia antecipar. Desta vez, o horizonte me parece fluido. E tudo o que aprendi até aqui me parece inútil, pelo menos não adaptado a esse novo desafio.

Uma única certeza me resta: o método. Devemos continuar a nos reunir para tentar elaborar juntos, de maneira participativa, respostas para os problemas específicos de nosso bairro. Ao longo de todo o ano de 1997, não organizamos menos de 86 reuniões com os comerciantes, os produtores e os moradores, que reuníamos por quadras.

Cada vez fazíamos a mesma famosa pergunta: "Por que somos pobres?" As discussões duram uns quarenta minutos. Na maioria das vezes em vão... Fica cada vez mais difícil mobilizar as pessoas. Lutar pela água, ou uma transformação concreta do dia a dia, mobiliza as massas. A busca de um novo modelo econômico, muito menos! Quanto mais perguntas fazemos, menos numerosos somos para buscar as respostas.

Entre os encontros, alimento minha reflexão com Sandra. Uma vez acabado o projeto do canal, ela voltou a trabalhar fora do bairro. Ela colabora atualmente com a fundação municipal, Profitec, dirigida pela futura deputada do PT Rachel Mendes. Por sua profissão, ela ouve falar do microcrédito, que ajuda os mais pobres propondo a eles empréstimos de quantias muito pequenas para ajudá-los a montar seu próprio negócio: uma quitanda, uma sorveteria, uma loja de costura...

Sandra gosta dessa ideia, mas aponta um limite. Os projetos mantidos pelas ONGs, no Ceará, acabam falindo rapidamente. Sandra está em uma posição privilegiada para ver que essas pequenas empresas são frágeis. Sentimos que há uma pista a explorar no microcrédito, mas que falta algo para adaptá-lo às necessidades das Palmeiras.

Sou curioso por natureza. Não gosto que se oponham a mim. Decido preencher minhas lacunas sobre o microcrédito, que começa a entrar em moda no mundo inteiro. Leio os livros de Muhammad Yunus — que receberá o prêmio Nobel da Paz — e que já é chamado de "banqueiro dos pobres".

Esse economista inventou a microfinança em Bangladesh nos anos 1970, quando criou o Grameen Bank para reintegrar no circuito econômico as pessoas excluídas do sistema bancário. Com o dinheiro do Grameen, os mais pobres podem criar pequenos animais, fazer modestas lojas ou até empresas de locação de minutos de telefone móvel nas aldeias isoladas de Bangladesh.

O livro dele é apaixonante. Ele me leva ao universo distante das favelas de Dacca, à invenção de um modelo econômico baseado na confiança e nos laços de vizinhança. Mas essas páginas me parecem distantes de nossa realidade brasileira. Procuro um manual prático, estou decepcionado. Como fazer para importar esse modelo?

Sigo outra pista ao abrir os ensaios de Paul Singer, respeitado professor de economia, membro fundador do PT e hoje secretário de Estado para a Economia Solidária. Seus trabalhos tratam das cooperativas. Seus livros são uma mina de informações muito interessantes. Mas tampouco aí encontro nada de concreto para mudar nossa vida, a nós, nas Palmeiras, no dia a dia. Então volto às fontes, lendo Leonardo Boff e seu tratado sobre a organização das CEBs, bíblia da teologia da libertação para a estruturação dos bairros pobres. Mas aí também dou com os burros na água.

Partimos verdadeiramente do zero. Fomos tateando e, pouco a pouco, encontramos um caminho. Foi durante uma das reuniões com os moradores que surgiu a ideia que nos levará à criação do Banco Palmas, um ano mais tarde.

É uma reunião de bairro como as outras, com os moradores de um bloco de casas. Tomo a palavra para explicar o princípio do microcrédito, no qual queremos nos inspirar para ajudar as pessoas do bairro a criar pequenos comércios.

Na sala, uma mulher me interrompe: "De que adianta apoiar a criação de pequenas empresas aqui?" — pergunta ela. "Não temos dinheiro, de modo que as pessoas de maneira alguma vão comprar! De que adianta criar pequenas empresas se ninguém pode comprar o que elas produzem?"

A observação dela me abre os olhos. Não tinha pensado nisso antes, mas agora tudo fica claro. Devemos criar um sistema que apoie ao mesmo tempo a produção e o consumo; que as pessoas possam vender seus produtos, mas que seus vizinhos possam também comprá-los. É preciso que criemos uma circulação econômica no bairro, senão cairemos em um impasse, porque o fluxo do dinheiro se chocará contra um muro intransponível: a ausência de demanda.

Depois dessa "revelação", o modelo do Banco Palmas não nasceu em um dia. Tivemos a intuição, mas ainda é preciso pô-la em ação. Para nós, que não tínhamos nenhuma formação em economia, a realização dessa ideia estava longe de ser uma evidência. Em seguida foi preciso inventar, tateando.

Nosso ponto de partida consiste em criar duas linhas de crédito: uma para a produção e uma para o consumo, tomando esta última a forma de "carta de crédito" que se destina aos lares mais pobres. Nós lhes adiantaríamos pequenas quantias — 20 reais no máximo — para animá-los a comprar o que as empresas do bairro produzissem.

Eu me entusiasmei pelo projeto. Sei que temos algo que pode ir longe. Estou convicto. Falo a respeito com Yves Cabannes e transmito a ele minhas anotações, que escrevi de noite, em casa, para formalizar nosso projeto. Ele me devolve as folhas com suas sugestões, que eu integro a minha reflexão.

Nós não tínhamos nenhuma ideia do que é um banco. Por isso, na época, não sabíamos do alcance da ambição inaudita de nosso projeto! Imaginamos que criar uma instituição financeira deve ser simples: nós emprestamos o dinheiro e o fazemos render. Nossa ingenuidade nos permite lançar de cabeça baixa na aventura. Às vezes, a ignorância dá uma despreocupação salutar!

Temos fé em nós, porque temos orgulho de nossa história, de nossas lutas que nos permitiram passar de um status de favela para o de um bairro urbanizado, de transpor os limites que nos eram impostos. Temos a energia para deslocar montanhas. Mas as montanhas não se movem tão facilmente quanto se deseja...

As coisas vão muito rápido em minha cabeça. Na realidade, porém, devemos enfrentar o primeiro obstáculo, e não é dos menores: é preciso encontrar o dinheiro se quisermos emprestá-lo!

É a primeira vez que saio em busca de dinheiro.

Segundo meus cálculos, precisamos de 100.000 reais para poder lançar nosso projeto.

2
BUSCA DESESPERADA DE DINHEIRO

Pus uma camisa de mangas compridas para minha aparência se conformar com a imagem que faço de um banqueiro: um homem sério que usa gravata e leva uma pasta. Coloquei algumas folhas na bolsa. De barba feita, menos o bigode, que cultivo com capricho há alguns meses, estou pronto para defender nossa causa. Ainda ontem repeti minha argumentação para Sandra, para estar certo de estar no ponto.

Começo minha exposição aos membros do gabinete do prefeito, que me olham, em redor da mesa, com ar de troça.

— Nós somos a associação dos moradores do Conjunto Palmeiras e queremos abrir um banco de microcrédito...

— Continue — diz-me, com um sorriso divertido, meu principal interlocutor.

— Queremos fazer um cartão de crédito, o PalmaCard, que permitirá comprar no bairro...

— E com que dinheiro?

— Exatamente, é por isso que estamos aqui, precisamos de ajuda para engatar o sistema.

— Ah, sim — prossegue ele com o mesmo sorriso divertido.

— Precisamos de 100.000 reais.

— Só isso! — Começa a rir, desta vez francamente, sem sequer esconder que começa de fato a nos considerar malucos. O senhor sabe que 100.000 reais é uma quantia importante, não sabe?

— Sim, sei — concordo —, lá não temos sequer os 50 reais necessários para pagar a conta de luz da associação.

— Ah, sim, claro, estou vendo — e rebenta de rir.

— Mas nós sabemos gerir grandes orçamentos — retruco —, participamos do programa Pró-Renda. Gerenciamos 2 milhões de reais para urbanizar nossa favela. A associação dos moradores existe desde o começo da década de 1980, temos uma herança de lutas para a melhoria do bairro e uma experiência de desenvolvimento da comunidade.

— Sim, interessante, interessante. Mas o senhor sabe como funciona um banco?

Tenho dificuldade de esconder minha inexperiência.

— Mais ou menos.

— Mais ou menos, interessante... Então me diga, senhor, de quanto serão os juros dos empréstimos de vocês?

— Bem... ainda não sabemos.

— Vocês não sabem?

O interrogatório continua do mesmo modo, e a cada pergunta um pouquinho técnica, somos obrigados a dar a mesma resposta, sem jeito: "Não sabemos", porque, de fato, não conhecemos nada do sistema bancário!

Depois de meia hora, o funcionário decide encurtar a entrevista.

— Genial, pessoal, genial! É um belo projeto, mas infelizmente não temos dinheiro. Não podemos ajudar, lamento — diz ele nos acompanhando e com a mão nas costas empurrando levemente... Vamos, vamos, genial!

Por trás da porta que se fecha ouço o riso dele que se prolonga e se apodera de todos os seus colegas reunidos em redor da mesa, e que tinham ficado em silêncio durante a reunião: "Uma associação de moradores que quer criar um banco, é realmente o cúmulo. Esse pessoal das Palmeiras é maluco"!

Conseguimos uma entrevista com o governo do Estado do Ceará. Mas lá também acham que somos loucos. Bato também às portas das associações, mas sem sucesso. Encontro-me com Yves Cabannes, que está então ocupado com um programa com o Comitê Católico contra a Fome e para o Desenvolvimento (CCFD), o Fundo de Apoio aos Programas de Autogestão (Fapag). Ele abre muito os olhos quando lhe peço 100.000 reais. Ele, no máximo, poderia dar-nos 2.000 reais. Mas devemos dar a prova da viabilidade de nosso projeto. E é exatamente aí que mora o problema. Por enquanto o Banco Palmas é apenas uma intuição. Não temos estudos a apresentar, nem um plano preciso. Trata-se apenas de ideias um pouco malucas nascidas na cabeça dos moradores do subúrbio pobre de uma grande cidade brasileira. Yves aprova a ideia e percebe seu potencial. Mas está imobilizado pelo procedimento.

A data da abertura do banco se aproxima. Segundo meu costume, dei um ultimato para nos forçar a nos superar. Mas apesar de nossa energia e de nossa boa vontade, a coleta por enquanto não conseguiu nem um centavo. Dentro de uma semana será cortada a fita inaugural do Banco Palmas. Se não tivermos com o que dar um único empréstimo, essa bela ideia estará morta antes mesmo de ter nascido. Sandra sorri. Ela me diz: "Com você é sempre a mesma coisa: decide as coisas e depois vai ver se elas são possíveis"!

Estou convencido de que o Banco Palmas não é um sonho. Que esse projeto é realizável. Creio nele e quero que tenhamos a possibilidade de experimentar. Queimo meu último cartucho. Decido ver de novo Yves Cabannes.

Uma longa história de amizade intelectual liga a nós dois. Yves ensinou-me os procedimentos da pesquisa popular, ele acompanha a evolução das Palmeiras há cerca de dez anos. É um urbanista apaixonado e um homem aberto. Um intelectual comprometido com o mundo. Ele sabe que nem tudo está bem colocado na vida antes de dar suas provas, que é preciso deixar uma oportunidade para o caos criador. Nosso projeto não é uma quimera. Ele confia em nós porque nos viu em ação e tem um princípio: deixar as iniciativas populares se desenvolverem... Ele recebeu meus relatórios datilografados, indicou-me novas pistas. Sei que, em último caso, é a sua porta que devo bater.

Quando chego à sede da Cearah Periferia, restam apenas sete dias antes da inauguração do banco. Decido arriscar tudo e empenhar toda a minha energia.

— Yves, não conseguimos encontrar dinheiro para iniciar o projeto Palmas. O senhor é o único que nos pode ajudar.

Se esse projeto funcionar (pois por enquanto é apenas uma ideia), poderá ser uma ferramenta de desenvolvimento para todos os bairros desfavorecidos. Eu acredito. E prometo a glória a Yves, rindo, se for o primeiro a investir em nosso banco popular.

— Yves, arrisca, por favor, suplico. A história se lembrará de que você foi o primeiro a colocar dinheiro no Branco Palmas! Quando nós formos célebres no mundo inteiro, quando nosso modelo for exportado para outros continentes, então, nesse dia, as pessoas dirão: Yves Cabannes foi o primeiro a acreditar nessa aventura.

Yves sorri. Ele encontra em meu discurso os tons teatrais de meus espetáculos populares que foi ver nas Palmeiras. Então ele decide nos apoiar, passa por cima das regras estritas que obrigam a apresentar um estudo de impacto. Ele nos empresta 2.000 reais e nos inscreve na lista dos beneficiários dos fundos do Fapag.

A aventura do Banco Palmas pode começar!

3
INAUGURAÇÃO DO BANCO PALMAS

Marinete passa suas tardes penduradas ao telefone, com o ouvido colado ao aparelho do orelhão, essa bolha de plástico azul presa ao muro, na rua perto da sede da associação. Fizemos uma lista de convidados que queremos que venham à inauguração do banco. Quero fazer as coisas em grande estilo. Descobri nos artigos de jornais os nomes dos jornalistas a contatar e fiz a lista dos políticos importantes. Sandra, que trabalha na Profitec, convidou Rachel Marques, sua diretora. Cuidamos também que Bernhard Dohle, que representa a GTZ desde a partida de Brunke Brunken, esteja lá. Marinete liga para eles, um a um, para lhes dizer que abrimos um banco e que ficaríamos muito felizes se eles pudessem estar conosco, nesse grande dia de janeiro de 1998, que marcará a abertura do primeiro banco das favelas.

Enquanto Marinete cuida do protocolo e seu Pedro, o presidente da Associação de moradores, usa sua caneta, treinando repetidamente sua assinatura para não errar no primeiro empréstimo por ocasião da cerimônia, eu atuo furtivamente para dar um pouco de consistência a nosso banco. Por enquanto só temos o nome. Reflito sobre a maneira de repartir a modesta soma que Yves nos concede. É preciso que, desde o primeiro dia, concedamos os primeiros empréstimos para o consumo e para a produção, senão não seremos críveis.

Alinho os números em uma folha de papel. Divido, multiplico. Somo, subtraio. No final, decido conceder quatro empréstimos — entre 100 e 150 reais — a comerciantes do bairro que são conhecidos da associação e repartir o resto em créditos ao consumo graças ao PalmaCard. Escolho uma costureira, um sapateiro, uma loja de alimentação e uma empresa de confecção. A cada um daremos um prazo de seis meses para nos reembolsar.

Dentro da Associação dos moradores, a escolha do nome para nosso cartão de crédito provocou longos debates. Eu queria que utilizássemos a palavra *card* porque ela era conhecida no mundo inteiro. Desde o começo, eu tinha grandes ambições pelo projeto. Não queria que tivéssemos medo de visar o mais longe possível. Eu dizia: em qualquer lugar do mundo, as pessoas saberão que se trata de um cartão de crédito.

Os outros opunham que eu queria construir um sistema alternativo contra a pobreza e que utilizava o mesmo sufixo que os cartões de crédito dos grandes bancos, que proibiam seus serviços à maioria dos moradores do bairro porque não tinham bastante dinheiro! Eu dizia que "Palma" no PalmaCard bastava para dizer que éramos a instituição financeira do Conjunto Palmeiras, que isso valorizava nosso bairro, nosso modelo diferente, mas que a palavra *card* nos daria a credibilidade! Afinal, consegui me impor e confirmamos o nome.

Sentado a uma máquina de escrever, na véspera da inauguração, datilografo o nome dos primeiros beneficiários de nosso sistema de crédito para consumo. Mandamos imprimir no papel a sigla PalmaCard. Nosso cartão não se parece com os cartões de crédito eletrônicos, que servem para pagar nas lojas da cidade. É apenas um modesto pedaço de papel com uma tabela para indicar as quantias que entraram e saíram da conta do cliente. Debaixo do nome do cliente, os comerciantes preencherão a mão o custo das compras feitas. Ele poderá comprar por uma quantia igual àquela que tiver sido emprestada. Para receber, os comerciantes virão ao banco no fim do mês e nós lhe daremos o montante das despesas do cliente. No cartão em que imprimimos o logotipo PalmaCard nos permitirá saber o que devemos a cada um. Preparo vinte cartões de crédito.

Estou muito feliz. Os retornos de nossos convites são positivos. Rachel Marques respondeu presente, Bernhard Dohle também. Os jornalistas querem entrevistar-nos desde a manhã para as edições da noite do jornal. Sinto que nossa ideia intriga os profissionais da política e dos meios de comunicação: eles têm a impressão de que está sendo produzido um acontecimento aqui nas Palmeiras.

Respondem ao convite para matar sua curiosidade: o que é esse banco criado pelos moradores de uma favela? Como evoluirá? Nessa época, nossa iniciativa é única no Brasil. Não existe nada desse tipo no país.

No pátio da associação, estamos desde manhã com nossa melhor roupa. Com Marinete, procuramos ver como colocaremos os funcionários. Jaqueline hesita sobre a roupa que usará para animar a cerimônia. A moça que tive em minha classe, no colégio Marieta-Cals, e depois na turma de teatro Flores do Lixo, está ao mesmo tempo emocionada e estressada por ter sido designada mestre de cerimônia da inauguração do banco. Ela me diz: "Puxa, vamos ter um banco e sou eu quem vai anunciar aos funcionários! É preciso que eu esteja superchique, não? Um banco, é chique?" Jaqueline hesita. Ela não sabe se deve deixar os cabelos soltos ou presos em cima da cabeça. Finalmente, ela opta por uma solução de meio-termo: um lápis espetado em seus longos cabelos os mantém a meia altura...

Para a ocasião, ela colocou o vestido roxo que ela guarda desde a festa de seus 15 anos. Aqui no Brasil, é o aniversário mais importante para uma moça, seu rito de passagem para a idade adulta. Ela deve usar roupa de gala. Toda a família é convidada, os amigos. A moça dança com seu pai e recebe toneladas de presentes. É o vestido mais chique que Jaqueline tem e ela o usa com classe para a ocasião.

Às 19 horas nós todos estamos muito alinhados. Os primeiros convidados chegam. Nós os colocamos nas cadeiras que cada um trouxe de casa. Jaqueline anuncia ao microfone a presença de cada uma das pessoas VIP. Depois vem o momento da cerimônia oficial.

Nosso problema é que não temos um "lugar" para inaugurar. Estamos nas dependências da associação dos moradores. O banco ainda é apenas um nome, uma utopia. Nada daquilo que constitui hoje as dependências do Banco e do Instituto Palmas existe ainda. Há apenas um pátio aberto, algumas salas e, no fundo, uma pequena peça de três metros por três.

Decidimos de comum acordo que essa peça constituirá a "sede" oficial do banco! Para dar um pouco de consistência ao lugar, afixamos à entrada uma folha de papel com o nome Banco. No interior há apenas uma mesa, um tamborete e uma imensa planta verde que ocupa quase todo o espaço.

Ao puxar o nó da fita verde que nós mesmos confeccionamos, Rachel Marques se depara com um obstáculo. A sala é tão pequena que a porta bate no banco e fica imobilizada... Entre risadas, conseguimos desbloquear a passagem e abrir o acesso ao local. Às 20h30min o banco é inaugurado e seu Pedro Teodoro, o presidente da associação, pode assinar os primeiros empréstimos!

Fizemos uma bonita festa durante toda a noite para celebrar o acontecimento. Cada um trouxe suco de frutas e salgadinhos feitos em casa. Tudo o que se pode fazer com pouco dinheiro. No ritmo da dança, aproveito minhas últimas horas de despreocupação!

4
O DIA SEGUINTE DA FESTA

Diante das instalações da associação, uma fila de espera se alonga a perder de vista. As pessoas do bairro esperam há pelo menos uma hora, observando as dependências da Asmoconp rebatizadas de Banco Palmas. A imprensa fez grandes manchetes sobre nossa iniciativa, e os moradores querem verificar a informação com os próprios olhos... e pegar dinheiro.

Avalio o impacto de um artigo de jornal. O *Povo* — um dos principais diários de Fortaleza — escreveu que nós éramos um banco. Para os moradores, nós nos tornamos um banco, sem dúvida alguma. Uma bola de angústia prende minha barriga à medida que me aproximo da porta de entrada. Respondo com sinais de cabeça, com gestos de mão, aos cumprimentos, tentando ocultar minha perturbação e meu olhar esbugalhado. Tiro uma chave do bolso, abro a porta com ar muito concentrado. E quando a fechei atrás de mim, respiro profundamente, com as costas coladas à parede. E me fecho nos nove metros quadrados da peça que inauguramos ontem.

À maneira de banco, nós temos uma mesa, um banco e uma planta verde... Ontem distribuímos todo o dinheiro de que dispúnhamos. Não temos mais um centavo em caixa. O que poderei dizer à centena de pessoas que esperam do lado de fora?

Olho pela janela. Será preciso abrir a porta e explicar a eles que nós distribuímos em créditos todo o dinheiro de que dispúnhamos e que não podemos emprestar a novos beneficiários enquanto os primeiros tomadores de empréstimo não nos tiverem reembolsado.

É preciso agir com prudência. Tentar guardar um "potencial de confiança" enquanto a máquina engrena. Para isso é preciso que mais pessoas falem de nós, bem ou mal. Um rápido cálculo me leva a pensar que, sem um trabalho de persuasão, a balança não penderá absolutamente a nosso favor. Em suma: quatro beneficiários dos créditos para produção e vinte famílias que tiveram direito ao cartão de crédito vão nos agradecer. E a centena de homens e de mulheres que esperam um novo empréstimo vão falar mal. Imagino já as discussões diante da igreja e por trás dos portões de ferro das casas: "O banco deles é de araque. Não tem nem dinheiro! Dá para imaginar um banco sem dinheiro?".

Eu sou conhecido no bairro. Posso colocar minha credibilidade na balança. Mas isso não durará muito. É preciso que os moradores possam ter retornos concretos do banco, senão eles acharão que somos palhaços — como os funcionários da prefeitura que riram de nós — ou vigaristas — como os decepcionados da associação — , imaginando que desviamos o dinheiro ou que nossas ações só aproveitam a nós.

Nesse dia, 21 de janeiro de 1998, descubro o estresse. A verdadeira angústia que corrói sob o peso da responsabilidade. Desde então, nunca mais me deixou. Sinto este medo pela primeira vez. Ele não tem nada a ver com as inquietações que sentia antes. Enfrentar a polícia no tempo da ditadura era feito com a exaltação do aumento da adrenalina, o entusiasmo do grupo que se une e a certeza de que estamos certos. Cada luta nos trazia concretamente uma melhora de nosso dia a dia.

Desta vez, os moradores me pedem um dinheiro que não tenho. Neste exato instante, eu não sei se um dia terei a quantia de que eles precisam. Sou o autor desse projeto, a ideia nasceu de minha imaginação. Se não funcionar, não teremos ninguém contra quem nos voltar. As lutas pela água, pelo saneamento eram quedas de braço com adversários tangíveis: a Companhia da água, o governo. Se nossas reivindicações não eram atendidas, sabíamos contra quem protestar.

Aqui nós enfrentamos — com nosso método experimental — um adversário muito mais movediço, que ninguém ainda conseguiu abater: a pobreza. E se nosso sistema desabar, não poderemos censurar ninguém, a não ser a nós. Com Marinete e Evandi, saímos do banco, e explicamos nossa situação para as pessoas que esperavam. Tomamos tempo para receber todos. O dia se passou nisso, mas tenho a impressão de que a maioria compreendeu. Por ora, em todo caso.

Antes da inauguração eu dormia bem. Depois, encontrar o sono é muito mais difícil. A primeira urgência é encontrar dinheiro para aumentar nosso portfólio de crédito. A segunda é rezar para que as pessoas a quem concedemos os primeiros empréstimos nos reembolsem.

Descobrimos a complexidade do sistema bancário. Não tínhamos pensado nas modalidades práticas quando decidimos criar um banco. Como vamos fazer para termos certeza de que seremos reembolsados? Quais tipos de fichas devem ser criadas para acompanhar os pagamentos dos créditos? Decidimos anotar tudo em um caderno. Traço uma tabela com o nome do mutuário, o montante emprestado e os juros lançados. Fixamos uma taxa de 2% para os empréstimos para a produção, uma taxa muito baixa, para não prejudicar os mutuários. Para os empréstimos para o consumo, não há juros, apenas uma taxa de 3% paga pelos comerciantes na emissão do cartão. Esta quantia nos permite financiar a fabricação do PalmaCard. Escrevo preto no branco a lista de nossos devedores. Classifico-a em um lugar, cruzando os dedos para que em seis meses sejamos reembolsados.

Para a coleta de fundos, enfrento um fogo cruzado. Cada dia, a imprensa nos solicita para fazer reportagens sobre nosso banco. Hesito em dizer sim. Cada novo artigo reforça nossa imagem e nos torna mais críveis para irmos em busca de financiamentos, mas cada nova publicação chama também novos solicitadores à sede do banco, aos quais é preciso explicar de novo nossas dificuldades do momento e o processo no qual estamos envolvidos.

Eu ativo as redes associativas para tentar colocar um pouco mais em nosso caixa antes que nosso motor pare. Removo céus e terra, e consigo uma entrevista com um representante da Oxfam. Guillermo Rogel, o coordenador da associação britânica para o Brasil, que vem a Fortaleza, onde financia uma escola. Ele me convida a uma de suas reuniões e eu lhe explico o desafio do Banco Palmas. Após dezenas de entrevistas, minha argumentação começa a ficar gasta: queremos criar um banco comunitário de microcrédito, gerido pela comunidade dos moradores, que encoraje a produção e o consumo local por intermédio de um cartão de crédito. A carta de crédito permite — por um acordo entre o banco e os comerciantes — emprestar dinheiro aos mais pobres, para que eles comprem no bairro, e assim "relocalizar" a economia e dinamizar nosso subúrbio da grande cidade rica de Fortaleza!

Meu entusiasmo o seduz, mas ele pede tempo para refletir. Sinto uma descarga de estresse. Tempo é justamente o que não temos. A rapidez com a qual tivermos o dinheiro decidirá nossa sobrevivência. Eu lhe explico esta urgência. Ele me promete estudar as coisas em quinze dias e liberar a quantia em duas semanas se o projeto obtiver o aval da associação. Sua promessa vale ouro. Um mês depois, Oxfam nos concede 14.000 reais.

Arrisco também com a cooperação internacional. A GTZ, a agência de cooperação alemã, viu que nós tínhamos dado demonstração com a construção do canal de drenagem. Eu explico a eles que o banco é o seguimento dessa aventura, e que precisamos deles para continuar a nos desenvolver. Os alemães aceitam ajudar-nos e nos dão 6.000 reais.

Seis meses depois de nossa inauguração, no verão de 1998, dispomos de cerca de 30.000 reais em caixa, e nossos primeiros mutuários começaram a nos reembolsar. O Banco Palmas está lançado!

5
O BANCO CENTRAL ATERRISSA

"O banco, o banco! Onde está o banco?" Os homens empurram e entram à força no prédio da Asmoconp. São três, com capuzes que ocultam seus rostos, e dois vestindo terno escuro com maleta preta.

Eles não nos deixam nem tempo para responder e prosseguem com sua metralhadora de perguntas, sempre a mesma, empurrando as pessoas que estão em sua passagem: "Onde é o banco? Onde é o banco?".

Dois minutos antes, a chegada do carro escuro deles nos tinha surpreendido. Poucos veículos passam pelo bairro com ruas bem alinhadas: os ônibus e as vãs — ônibus privados — que ligam as ruas pavimentadas com macadame e alguns poucos carros deixam rastro de vez em quando nas ruas paralelas compostas de pavimento e poeira. Aqui encontramos mais frequentemente uma carroça puxada por um jegue magricela que um carro brilhante.

"O banco, onde fica o banco?" O comando avança em uma cadência militar. Por um instante penso em um ataque à mão armada. Os outros hesitam entre medo e incredulidade. É dona Carmosita quem diz: "Aqui não há banco, mas tem um banco lá no fundo da sala", confundindo-se com os diferentes significados da palavra...

Os homens de caras fechadas lançam olhares para a direita e a esquerda. Observam nossas dependências, gravando a mínima imagem no fundo de seus cérebros. Um deles vê o cartaz "Banco Palmas" no fundo da sala. Com um movimento seco do queixo, ele mostra ao que está de terno e gravata, que ordena que os três homens encapuzados tomem a sala de assalto. Eles se precipitam, abrem porta com um golpe seco. Suas silhuetas grandes e fortes aparecem de repente à porta, diante de Evandi, que se assusta.

O maior solta, autoritário:

— Banco Central, deem-nos tudo o que vocês têm em seu poder.

Com um gesto da mão ele indica aos homens encapuzados que podem começar seu registro.

É o método do Banco Central, órgão de regulação do sistema financeiro brasileiro: chegar com força e pegar tudo em vinte minutos cronometrados. Uma operação de comando para evitar que os autores de delitos financeiros escondam provas ou se aproveitem para transferir ou sumir com peças comprometedoras.

— Mas chefe, pegar o quê?

Os três policiais estão embasbacados. Na sala de nove metros quadrados há apenas a caderneta em que anotamos o nome dos mutuários e alguns reais. O dinheiro é o fruto da poupança do bairro. Tentamos pôr em prática um programa pedagógico: animar os moradores a poupar uma parte de sua renda. Alguns põem de lado dez centavos por mês, outros, cinco.

A equipe de choque, habituada aos grandes escândalos de delinquentes de colarinho branco, está desconcertada com o "banco" dos favelados. O arsenal deles parece um tanto desproporcional em relação aos meios! Eles, que estão habituados a sair com computadores, fichários informáticos e programações ultracomplexas, vão embora com 15 reais e um caderno debaixo do braço!

Sua análise mostrará, evidentemente, que não somos um banco no sentido clássico e que, neste sentido, não criamos uma instituição ilegal.

Foi uma reportagem da TV Globo, a principal rede brasileira de televisão, que colocou a pulga atrás da orelha deles. Uma equipe local fez uma matéria sobre nosso projeto, que saiu no Jornal Nacional. Nossa reputação ultrapassou as fronteiras do Estado. Os funcionários esperavam encontrar um banco de lavagem de dinheiro da droga em uma favela. Deparam com uma pequena associação de moradores que tenta, de qualquer jeito, tirar a comunidade de sua precariedade.

O Banco Central acabou dando um parecer nos autorizando a prosseguir com nossas atividades. No Brasil, os empréstimos a taxas reduzidas são autorizados, contanto que o emprestador não tire lucro com isso. Contudo, em seu parecer, o Banco Central nos proíbe de recolher a poupança do bairro. Somos obrigados a deixar de lado esse projeto, que teria sido outra alavanca de desenvolvimento do Banco Palmas.

6
OS COMEÇOS DO BANCO

O prazo que os mais pessimistas nos davam para fracassarmos foi de seis meses. Foi esse o tempo que foi preciso para ver os primeiros reembolsos entrarem no banco, o tempo no qual tivemos de gerir as expectativas dos moradores sem poder responder imediatamente a elas. Todos os dias, numerosos deles vinham pedir dinheiro para comprar medicamentos, tíquetes de ônibus, ou solicitar nossa ajuda para encontrar trabalho. Quando o comerciante a quem nós tínhamos feito o primeiro empréstimo transpôs a porta do local com um envelope cheio de notas, senti um imenso alívio: as pessoas podiam começar a crer realmente em nosso banco.

No final de 1998, com um portfólio de 30.000 reais, concedemos 170 créditos para a produção e emitimos

370 cartas de crédito. Abrimos também uma feira na praça construída no contexto do Pró-Renda por Paulo Garcia, o arquiteto que supervisou os trabalhos do canal de drenagem e não nos abandonou mais. Nesse mercado solidário, as pessoas do Conjunto Palmeiras vendem os produtos que fabricam aqui. O espaço conta com uma quinzena de estandes, que montamos uma vez por semana. Jaqueline cuida da instalação e da desmontagem. Com esse pequeno trabalho, ela se junta à equipe do banco.

No dia a dia, continuamos a enfrentar uma situação paradoxal. Estou sempre em busca de fundos. O projeto é bem conduzido. Apesar disso, porém, estamos no centro de um turbilhão midiático. A vinda do Banco Central a nossas dependências é sintomática: todo o mundo se interessa por nós, os meios de comunicação e as autoridades. Aos primeiros, oferecemos uma história exótica, transmitida até pelo jornal da noite da TV Globo, e aos outros, pistas de solução na luta contra a exclusão.

Em minha mesa, três pastas reúnem os artigos que falam de nosso banco das favelas. As folhas estão amareladas e empenadas pela umidade. Ao lado dessa pilha, eu podia colocar outra com os convites para conferências. É estranho como de repente se abrem os caminhos da "glória"!

Eu me lembro do primeiro convite. O Sebrae — Serviço Brasileiro de Apoio às Micro e Pequenas Empresas — convida-me a fazer uma alocução para 300 pessoas. Fui acrescentado à lista dos oradores da conferência realizada em Fortaleza por um amigo, Juarez de Paula, entusiasmado pela ideia do banco e por seus primeiros resultados.

Quero levar o projeto ao conhecimento do maior número de pessoas de sua rede.

Estou habituado a falar em público desde o tempo que animo as reuniões virulentas da Uagoconp. Participei também esporadicamente de conferências. Mas nunca tinha participado de um centro de congressos diante de tantos funcionários e economistas de terno e gravata! Todos eles têm computadores para fazerem suas apresentações em Powerpoint. Eu chego com minha roupa de professor de bairro pobre, classe média, meio esporte, e minhas transparências, nas quais desenhei à mão esquemas, sumários para explicar nosso sistema.

A conferência é um sucesso. É rapidamente seguida de outra, diante das câmaras de televisão, em Brasília, transmitida ao conjunto dos funcionários do Sebrae. O diretor quer que todos os seus agentes possam ter uma visão de nosso projeto.

Aceito o convite, mas sob a condição de poder utilizar minhas transparências. Para mim, elas são um suporte essencial. Estou acostumado com multidões, sou um orador que se apoia na assistência para passar suas ideias, que sente a reação do público e age com ele ou se inspira nele. A frieza de um estúdio de televisão me paralisa. Para me tranquilizar, peço a Sérgio Moreira, o presidente do Sebrae, a autorização para poder falar andando pelo estúdio. Com os técnicos construímos um cenário imaginário para que eu encontre minhas referências, como se fizesse uma conferência clássica. Traçamos cruzes no palco, fazemos testes com os engenheiros de luz... Todo esse ritual me tranquiliza.

Quando, no dia D, as câmeras apontam para mim... faço a apresentação sem me mexer! Para grande espanto dos técnicos, que já estavam com suas câmeras no ombro, prontos a me seguir em meus mínimos deslocamentos. O simples fato de saber que eu podia me levantar foi suficiente para me acalmar.

Outra intervenção midiática teve ainda mais peso. E não fui eu quem falou do Banco Palmas para as câmeras, dessa vez, mas foi Luiz Inácio Lula da Silva. Em março de 2000, Lula, que não tinha sido presidente da República na época, veio visitar nosso banco. Eu estava em uma conferência em São Paulo no dia de sua visita. Não o encontrei pessoalmente. Mas Marinete e Sandra lhe apresentaram o banco e o sistema do PalmaCard para animar o consumo local. Cinco dias mais tarde, Lula foi convidado para o *Programa do Jô*, que reúne mais de quatro milhões de telespectadores na Rede Globo. É o novo ponto de encontro inevitável dos políticos. E Lula falou do Banco Palmas! Tirou o PalmaCard do bolso de sua camisa para apresentar o sistema e dizer que se tratava do tipo de iniciativa de que o Brasil precisava. A câmera principal deu um zoom no cartão, e essa imagem teve enorme repercussão midiática para nós!

No Conjunto Palmeiras, estamos longe das proezas tecnológicas dos estúdios de televisão. Gerimos no dia a dia o paradoxo de nossa superexposição midiática. Nós temos um potencial formidável, mas ainda somos um projeto frágil. Acabamos de receber nosso primeiro computador! Graças à ONG internacional CESE (Coordenação Ecumênica de Serviços), que financia pequenos projetos de desenvolvimento, pudemos fazer essa aquisição que nos liga, nós pobres moradores da periferia, ao mundo moderno! Estamos até na ponta da tecnologia, porque vamos ter um endereço de e-mail. Enfim, não é assim tão simples.

Ainda é preciso convencer os "antigos" da associação sobre a utilidade do correio via Internet, quando até pouco tempo atrás nem sequer tínhamos telefone. E a dificuldade não é tanto de ordem técnica como de semântica. Um endereço de e-mail compõe-se forçosamente sempre do mesmo modelo: <nome@endereço.com>. É o @ que se torna objeto de uma áspera batalha entre antigos e modernos na hora da Internet.

Em português, a pronúncia de arroba se parece com o verbo *arrombar*, especialmente no sentido sexual do termo. Nosso endereço <asmoconp@br.homeshopping.com.br> se traduzia, para Marinete e os outros, em "a Asmoconp arromba homeshopping". Eles não querem ouvir falar disso.

— Você não percebe, Joaquim? As pessoas vão perguntar o endereço e vou dizer: "a Asmoconp arromba homeshopping", não é possível! Vamos parecer o quê? Você percebe?

— Mas Marinete, eu lhe digo, não temos escolha! É assim, é o nome. No mundo inteiro se diz assim!

— Mas não aqui, ela me responde irritada. De modo algum, você me entende! De modo algum! Além do mais, isso nos vai servir para quê? Não vejo a utilidade de ter essa caixa no computador. Se as pessoas querem nos escrever, precisam apenas enviar uma carta pelo correio, como todo mundo. Pelo menos o carteiro não nos insulta.

Mas Marinete, com esse sistema podemos nos comunicar super-rápido, com o mundo inteiro! Pode-se receber mensagens da França, dos Estados Unidos e de todo o Brasil em alguns segundos! Imagine, se um dia forem criados outros bancos como aqui: será preciso que a gente se fale rápido.

– Bom, nós já temos o telefone, o telefone está muito bom. Além disso, hoje é a Asmoconp, mas depois você quer que abramos endereços em nossos nomes: Marinete arromba homeshopping, José Valdo arromba homeshopping; de jeito nenhum! Porque não, Augusto, enquanto você está aí detona a Asmoconp!

Criamos o endereço de e-mail, mas Marinete nunca o aceitou nem se habituou a ele. No começo, era ela quem garantia o padrão do banco. Às vezes recebíamos ligações de funcionários, de pesquisadores ou de ONG, que nos pediam nosso e-mail. Toda vez, Marinete convencia-se de que se tratava de trotes ao telefone, de pessoas que ligavam para zombar dela e humilhá-la dizendo grosserias ao telefone. E ela nunca dizia "arroba", ela dava sempre um jeito de tomar desvios obscuros para ditar o endereço sem o soletrar de fato. E os e-mails das pessoas que tinham telefonado nunca chegavam...

Entre os históricos da Asmoconp e a equipe do Banco Palmas não existe apenas uma distância de geração. Pela primeira vez, com a chegada do computador, somos obrigados a manter um pouco de distância entre os moradores e nós. O PC, que contém as informações sobre os utilizadores do banco e tabelas de números, obriga-nos a sermos precavidos. Uma manipulação errônea ou um acidente com um copo-d'água que é derramado, e corremos o risco de perder todas as nossas informações! Nós o guardamos preciosamente como um tesouro. Só os que trabalham no projeto têm o direito de se aproximar dele. No começo, as pessoas tomam mal essa proibição. Antes, as dependências da Asmoconp estavam abertas aos quatro ventos. Qualquer um podia entrar, sair, vir e envolver-se em um programa ou usar a máquina de escrever para mensagens pessoais.

Com o banco, do qual os moradores também se tornaram clientes, impõe-se uma distância de gestor responsável. Eles não podem ter acesso a tudo. Essa passagem de uma competência social para uma competência econômica é um verdadeiro dilema para mim. Devo recusar empréstimos a líderes comunitários que deram muito para o bairro, mas não vêm com um projeto viável, seguindo as condições que definimos.

Explico para eles que, para obter um empréstimo, é preciso um projeto específico, pois, além das necessidades particulares, o objetivo é reativar a economia no conjunto do bairro. É a condição *sine qua non* para o aumento do nível de vida no Conjunto Palmeiras.

Incomoda-me um pouco ver que eles não compreendem totalmente esse discurso. Acham que deram muito por suas lutas, pelo bairro, e que o banco deve prestar um serviço a eles. Assim, às vezes, quando emprestamos aos líderes, verificamos que eles estão entre os piores pagadores, achando demasiado fácil que seu engajamento pelo bairro, durante anos, tem valor de reembolso de sua dívida em dinheiro.

É um verdadeiro quebra-cabeça. Devemos dirigir tudo, colocar tudo em forma e proteger o acesso aos dados. Alguns moradores nos acusam de nos termos tornado "banqueiros". Mas eles mudarão logo de opinião quando virem todos os projetos sociais que nasceram em torno do banco: o Bairro Escola de Trabalho — uma escola de formação para os jovens do bairro; a cooperativa de costureiras, Palma Fashion, a incubadora feminina para acolher mulheres em dificuldade e ajudá-las a montar um projeto; o espaço emprego, que centraliza os anúncios locais e nacionais...

Não abandonamos a esfera da intervenção social, mas nossa organização nos obriga a um período de retirada para preparar bases sólidas. Eu me conscientizo de que cada etapa que superamos deve ser acompanhada de um grande esforço de pedagogia, para não deixar a incompreensão instalar-se entre nós e os moradores do Conjunto Palmeiras.

7
A DESCOBERTA DA
ECONOMIA SOCIAL E SOLIDÁRIA

O banco comunitário não é apenas uma instituição financeira. É também uma incubadora para projetos solidários. Criamos uma escola de formação para os jovens, que colocamos em seguida para fazer estágio com os comerciantes a quem concedemos empréstimos. Montamos uma pequena sociedade de produtos de manutenção, que emprega três jovens, entre eles Jaqueline, que continua a aventura conosco. Financiamos também a criação da Palma Fashion, uma empresa de uma dezena de costureiras. Sustentamos a criação de atividades no bairro e a formação de jovens para tentar oferecer a eles outros horizontes além do desemprego.

Nós pensávamos que tínhamos aberto um banco, mas de fato criamos um banco de economia solidária!

Foi durante um colóquio em Florianópolis, em maio de 2000, que tive essa revelação. Surfando na Web, vi o anúncio para uma conferência sobre as moedas sociais. Ao percorrer o programa, concluí que devia assisti-lo. Talvez aí haja uma pista para dar amplidão ao Banco Palmas.

Troca, intercâmbio, moeda social: em Florianópolis, onde se realiza o encontro entre universitários e atores associativos, descubro o vasto campo no qual podem entrar os intercâmbios econômicos à margem do campo capitalista clássico. Assisto às conferências e travo conhecimento com Marcos Arruda, um economista do PACS (Instituto de Políticas Alternativas do Cone Sul). Seduzido pela apresentação de nosso embrião de modelo de economia alternativa, ele me convida para um grande seminário no Rio de Janeiro sobre a economia social e solidária, que completa minha descoberta teórica do terceiro setor.

De volta a Fortaleza, só tenho essa expressão nos lábios. Devoro livros sobre o assunto, como *Alternativas à ordem econômica mundial* de Marcos Arruda. Tenho apenas uma urgência, implantar um mercado de trocas no Conjunto Palmeiras. Para mim, esse sistema de intercâmbio de bens locais, sem passar pelo dinheiro, parece-me ideal para nosso bairro. Faço tudo para que o Banco Palmas chegue a uma etapa suplementar.

No seminário, encontrei Heloísa Primavera, socióloga e professora na Universidade de Buenos Aires, que trabalhou sobre os clubes de troca na Argentina. Lá, durante a crise financeira que arruinará o país em 2001, esse sistema alternativo se generalizará. Convenço Heloísa a vir nos ajudar a instaurar um sistema equivalente no Conjunto

Palmeiras. Durante um mês, ela anima oficinas de formação, reunindo uma dezena de membros ativos da associação. Depois, nós seríamos encarregados de desenvolver o modelo em nível do bairro.

"De que vocês precisam para viver?" — pergunta Heloísa, com a caneta hidrográfica levantada, pronta a escrever as palavras-chave no quadro. Ela espera as respostas habituais da Argentina, onde os antigos burgueses ou pessoas das classes médias, que foram atingidos por uma baixa radical de renda, voltaram-se para a troca. Ela pensa ouvir: manicure, roupas...

A primeira resposta de nosso bairro pobre a desestabiliza:

— Comida — sussurra uma voz.
— Mais — prossegue Heloísa.
— Feijão...
— Tapioca...
— Arroz...

A pobreza no Brasil, no Conjunto Palmeiras, é mais profunda que na Argentina. Heloísa não sabe mais o que fazer, as respostas dos moradores giram todas em redor dos víveres, do alimento. Ela tenta uma última saída:

— Mas, além do alimento, de que vocês precisam para viver? — empurrando um pouco o auditório para suas trincheiras. Vocês precisam de quê? Vocês precisam de outra coisa?

— Ah, sim — exclama dom Luís — de óleo para fritar nossos alimentos!

Heloísa ensina-nos a troca durante as oficinas em que cada um traz o que preparou. Criamos uma moeda virtual — o palmares, em homenagem a esse célebre Quilombo do

Nordeste. No século XVII, essas aldeias de escravos fugidos organizavam-se de maneira autônoma longe das terras dos grandes proprietários de terra. Desenhamos notas em folhas de papel, que recortamos. Cada um coloca o que trouxe no meio da sala. Começa então a negociação febril sobre quanto "vale", segundo nossa escala de valor, o que cada um trouxe.

— A minha tapioca é boa — diz animada uma mulher.

— Três palmares — diz a comunidade.

— Não é o bastante — defende-se ela — passei o dia inteiro a preparando!

— Quatro palmares — diz alguém.

— Cinco — conclui ela — obtendo o acordo de todos sobre esse último lance.

Com os cinco palmares ela compra o café que outro trouxe.

O clube é alegre, as reuniões animadas e simpáticas. Nós nos reunimos de quinze em quinze dias, às sextas-feiras à noite, mas dá tudo certo. E, sobretudo, trocamos todos os produtos que já tínhamos. Os bens verdadeiramente necessários, aqueles que os moradores do bairro precisam — farinha, medicamentos —, não são trocados no clube de troca. Estão com os comerciantes. Esse modelo é um primeiro passo, mas limitado a nossa realidade.

Não estou completamente satisfeito com esse teste. Acho que é preciso encontrar um meio de desenvolvê-lo mais e abri-lo a um número muito maior. De noite, nem sempre eu durmo, e viro e reviro em minha cabeça as ideias que poderíamos pôr em ação. Tento construir um sistema em que se conjugariam troca e dinheiro, intercâmbio e permuta, para fazer o dinheiro entrar e circular em nosso bairro pobre.

8
O NASCIMENTO DO PALMAS

Nós não inventamos em um dia o sistema de uma moeda local intercambiável em reais, o palmas, essa pequena nota de papel que serve hoje para comprar entre os comerciantes do Conjunto Palmeiras.

Partimos da troca e tateamos, sempre guiados pelo princípio de relocalização das permutas.

Vejo as pessoas descerem do ônibus com sacolas dos centros comerciais de Fortaleza. Elas mostram certo orgulho em poder consumir fora do conjunto. Como se aquilo que se compra fora do bairro fosse forçosamente melhor. Eu me digo que é preciso encontrar um meio de valorizar as compras locais. Inverter a tendência.

Estou convencido de que essa alavanca do consumo pode ajudar-nos a desenvolver nossa economia. Faço uma sondagem, sempre segundo os princípios que aprendi durante minha formação de pesquisador popular. Recrutei dois jovens do bairro — Jaqueline e um rapaz chamado Adriano — para fazer um mapa do consumo e da produção locais. Eles batem às portas de uma casa em cada quatro e perguntam aos moradores quanto ganham, o que gastam, como e onde. O distintivo com logotipo do banco não evita sempre que portas sejam batidas na cara deles nem os cães pouco acolhedores, mas na maioria das vezes os moradores os recebem bem e respondem às perguntas, mesmo se algumas se referem à esfera íntima.

O resultado da pesquisa é surpreendente. Embora nosso bairro seja pobre, o trabalho dos moradores permite também que disponham de renda para ter acesso ao consumo clássico. Essas análises reforçam minha convicção. Não somos pobres porque não temos dinheiro, mas porque não gastamos esse dinheiro aqui! É preciso encontrar um meio de construir uma circulação econômica interna ao Palmeiras.

Depois de noites de insônia para tentar combinar os ensinamentos de Heloísa com a realidade de nosso bairro, tive uma ideia: agora que adquirimos as técnicas, por que não transformar o bairro em mercado de troca gigante? Strohalm, uma associação holandesa que tinha financiado a vinda de Heloísa ao bairro, oferece-me uma pista.

Essa estrutura trabalha sobre a noção de moeda social, uma divisa que serve para os intercâmbios em um dado lugar, fora do sistema clássico. Uma moeda local tem valor apenas no bairro em que ela é utilizada; fora, não. Ela permite reintegrar, no circuito econômico, pessoas que estão excluídas dele, porque não têm dinheiro.

No Conjunto Palmeiras, a pobreza é tal que muitos moradores não têm acesso ao real, a moeda brasileira. Com Yves Cabannes, realizamos, em outubro de 2001, um "mapa da fome" para avaliar a pobreza fora do conceito de renda, inadequado aos mais pobres. Estabelecemos um critério: quantas vezes você tem fome por semana? O resultado da pesquisa mostra que o distrito ao qual pertence nosso conjunto é uma terra de grande miséria: 47% das famílias interrogadas declaram conhecer a fome de uma a três vezes por semana.

A possibilidade de utilizar uma moeda virtual para que aqueles que não têm dinheiro possam ter acesso aos intercâmbios, valorizando mais o que eles sabem fazer do que o que eles possuem, seduz-me.

A associação holandesa propõe que emitamos notas, o palmas – o nome faz eco ao do banco. Elas servirão de moeda de intercâmbio para nosso clube de troca gigante. Falta encontrar um meio de introduzir essas notas na economia local para deslanchar a circulação econômica e que elas possam depois circular de maneira duradoura.

Strohalm apresenta um projeto: financiar em moeda social a construção de uma escola de formação, a Palmatech. Os trabalhadores e o material a serem utilizados serão pagos em palmas, a moeda virtual válida unicamente no bairro. Com o salário deles, em palmas, poderão comprar produtos de certos comerciantes do bairro, aqueles que contrataram empréstimos no Banco Palmas. E os comerciantes nos reembolsarão com as notas de moeda virtual que tiverem recebido.

Em outubro de 2002, Strohalm destinou-nos um orçamento de 50.000 reais. Guardamos o dinheiro em caixa e emitimos as "palmas" para lançar o processo. No papel, o sistema é perfeito. O financiamento de uma obra em moeda local deve permitir introduzir os primeiros palmas no circuito econômico do bairro. Para sair da pobreza, devemos criar riqueza em nosso bairro. É preciso incitar os moradores a gastar o dinheiro que ganham, mesmo que seja pouco. Os comércios locais poderão então se desenvolver e, em seguida, empregar o pessoal, que gastará seu salário aqui, e assim por diante...

Graças às obras em palmas, o sistema de "troca gigante" será instalado. Pelo menos nós pensamos assim. Mas a escola foi construída tão depressa — em menos de mês e meio — que as notas não tiveram tempo de circular. Acabados os trabalhos, os comerciantes apressaram-se em nos reembolsar em palmas a integralidade de seus empréstimos. Voltamos ao ponto de partida. Sem benefícios para o desenvolvimento do bairro.

Não me deixo desanimar por isso. Sei que a moeda social circulante é uma ideia a aprofundar. Sinto que temos aí um meio para que nosso modesto banco possa desenvolver-se. Temos sempre poucos recursos. Nosso portfólio, sempre tão reduzido, limita a amplidão de nossas atividades.

Decidimos fazer uma experiência distribuindo 2.000 palmas a certo número de comerciantes. Selecionamos membros da associação dos moradores dispostos a encarar isso. Levamos também muito tempo, Sandra e eu, em convencê-los a participar dessa troca gigantesca. Sandra está muito presente a meu lado. Quando o banco começou a ficar em foco, e tivemos de lidar com uma multidão de documentos, eu pedi que ela deixasse o trabalho para vir viver aqui essa aventura comigo. Nós imaginamos juntos esse projeto, e não teria sentido que eu fosse o único a pilotá-lo e geri-lo. Sandra está permanentemente aqui. Ela é uma peça-chave do dispositivo. Funcionamos em grupo de dois para fazer avançar o projeto, que cremos que é duro como ferro. No trabalho, não deixamos transparecer muito nossa relação. Ela não gosta que se diga que é a "mulher do chefe"!

A troca gigante funciona durante algum tempo, mas atinge muito depressa um limite: as notas acabam sempre na caixa dos grandes estabelecimentos do bairro, o depósito de gás e o posto de gasolina. É tão grande o estoque que têm deles que não sabem mais o que fazer e nos pedem para sair do sistema. Nova volta ao começo...

Então tive uma ideia. Para que a moeda social funcione em nosso bairro, ela deve ser intercambiável em reais, a moeda nacional brasileira. O depósito de gás e o posto de gasolina saíram do sistema porque não tinham necessidade de trocar bens dentro do bairro. Eles têm de buscar sua matéria-prima — gasolina, gás... — fora do Conjunto Palmeiras.

Se nós oferecermos a eles a possibilidade de trocar os palmas por reais, terão novamente interesse em tentar a experiência. A mesma coisa com o padeiro. Se ele pode trocar os palmas que recebe de seus clientes por reais, pode comprar a farinha. O princípio é o seguinte: o real é o braço armado que vai buscar a riqueza fora do bairro, e o palmas é a moeda que a redistribui internamente.

Os membros da organização Strohalm não concordavam de jeito nenhum com minha ideia. Para eles, eu traio os princípios virtuosos das trocas solidárias e junto-me de novo ao sistema capitalista. Mas eu teimo. A mim pouco importam as querelas ideológicas. Sou antes de tudo pragmático. Quero pôr em ação o que vai funcionar em meu bairro e prestar serviço ao maior número.

Para nós, é necessário criar um sistema híbrido. Permitir que os comerciantes possam trocar seus palmas por reais oferece a base de um desenvolvimento local sem nos cortar do mundo e de suas evoluções. Para crescer, os comerciantes precisam ir buscar no exterior do bairro as tecnologias e as matérias-primas de que não dispomos aqui. É para isso que servirão os reais. Para fixarem-se no desenvolvimento do bairro, os moradores devem comprar entre eles. Os palmas que emitiremos através do crédito ao consumo desempenharão essa função.

Tomo consciência de que não podemos ser uma ilha isolada do mundo. É preciso ao mesmo tempo proteger nosso bairro e ligá-lo ao resto da economia globalizada. É sobre esse ponto que Strohalm não está de acordo. Corro o risco da ruptura metodológica com eles, porque mesmo se tivermos sucesso sem sistema de troca, o palmas permanecerá um dispositivo exótico, uma experiência simpática, mas sem efeitos. Para que funcione, devemos ter um pé na economia social e o outro na economia capitalista, a das trocas baseadas na moeda nacional. Em todo o nosso combate contra a pobreza, devemos tirar proveito das vantagens oferecidas pelo sistema liberal, mas conservar o que faz a nossa força, a saber, a solidariedade e a busca constante da melhor oferta para todos. Como não se pode mudar totalmente o mundo, é preciso aceitar em parte as regras para depois tirar proveito.

Ainda é preciso convencer os comerciantes. Vou falar com Francisco Erisvaldo Bezerra em sua mercearia que dá para a praça. O homem de bigode escuro abriu sua loja há alguns anos. Ele se instalou sozinho, porque sua mulher não quer ver suas duas filhas crescerem no Conjunto Palmeiras. A única imagem que ela tem do bairro é a veiculada pelos jornais: os cadáveres ligados a acertos de contas cada vez mais frequentes entre os delinquentes e os toxicômanos; os ataques à mão armada para conseguir dinheiro e comprar craque.

Bezerra abriu sua mercearia no bairro porque é o único lugar onde podia esperar investir. Suas economias eram magras, mas o preço dos imóveis, aqui, era acessível a seu orçamento. Ele correu o risco, mas ele se pergunta se não deveria ter escutado sua mulher que, todas as noites, repete-lhe que ele não deveria ter vindo para cá. Os negócios não decolam. Ele está em um impasse. E o bairro continua a ser pobre e perigoso.

Por isso ele me escuta com muita atenção quando lhe falo do projeto de moeda social. Digo a ele que com essa moeda as pessoas comprarão no bairro. Isso desenvolverá o comércio local e também a renda dos moradores. Deste modo o bairro poderá melhorar. A perspectiva desse círculo virtuoso ilumina seus olhos castanhos. Ele está pronto a tentar e nos ajudar a convencer seus colegas.

Mas ele tem uma preocupação: que essas notas de palmas não valem nada ou que ele seja enganado por notas falsas. O merceeiro não pode permitir-se ter uma perda de receita. Para um grande comércio, uma falha de tesouraria pode causar estragos limitados, mas para uma loja pequena, é o fechamento certo... Explico a ele que as notas foram impressas na Argentina, em papel moeda seguro. Garanto a ele que o banco reembolsará a mínima perda devido ao uso de notas falsas e que a troca delas é garantida. Fechamos nosso acordo com um caloroso aperto de mão.

Vai levar um mês antes que a moeda se integre no bairro. No começo, só quatro ou cinco comerciantes entram no jogo. Bezerra leva as notas aos colegas para animá-los a tentar a experiência. Antes de aceitar, eles vão visitar outros comerciantes para verificar se eles aceitam esses pedaços de papel como pagamento.

Sandra e eu tomamos de novo nosso bastão de peregrinos para ir de loja em loja. Nossa estratégia é colocar do nosso lado, de novo, os maiores comércios, decepcionados por sua primeira experiência: o depósito de gás e o posto de gasolina. Em nosso bairro, ter os principais comerciantes na rede apresenta uma dupla vantagem: os pequenos se abastecem neles; e eles são referência aos pequenos como modelo de sucesso. Eles pensam que se um comerciante de envergadura tomar essa decisão, então é bom para o negócio, pois ele entende do ofício.

Também colocamos a colaborar jovens do bairro, que recrutamos e formamos para fazer proselitismo e colar um cartaz, dizendo: "*Nós aceitamos os palmas*", nas vitrines daqueles que se juntavam à rede de economia solidária que pouco a pouco construíamos. Nosso logotipo encontra seu lugar ao lado do Mastercard! E lançamos uma campanha para incitar os moradores ao consumo local. Utilizamos todos os meios modestos de comunicação a nossa disposição, até a fotonovela!

Estamos em 2003. O banco existe há cinco anos e toma um novo impulso com a moeda social circulante. Ainda serão precisos alguns anos antes que ampliemos o núcleo duro dos comércios que aceitam essa moeda.

Hoje eles são um pouco mais de 200, de todos os tamanhos e de todos os tipos.

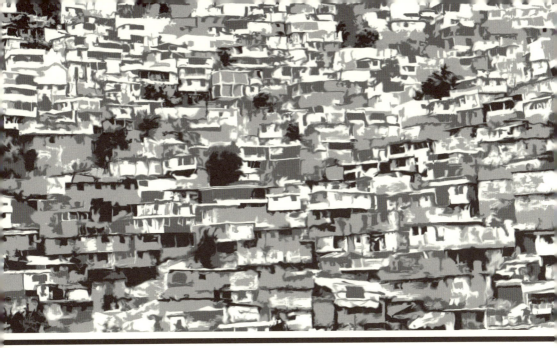

9
O BANCO CENTRAL APARECE (DE NOVO)

"*Nós aceitamos os palmas.*" Essa frase, reproduzida em um artigo do *Povo*, vale-nos de novo a ira do Banco Central. Desta vez, o assalto é muito mais discreto que o primeiro. Nem por isso é menos violento.

Certa manhã, recebo em minha caixa de correio uma intimação à delegacia. O Banco Central mandou abrir um processo contra mim. O teor de meu delito provoca um frio na coluna. Eu teria cometido um crime contra o Estado: "Emissão de dinheiro falso".

Na multidão que aguarda na delegacia de São Cristóvão, eu pareço um extraterrestre. A cada minuto, as sirenes dos carros de polícia anunciam a chegada de um novo grupo de delinquentes presos por causa de violências ou de problemas de droga. Esse posto policial abrange vários bairros do Grande Jangurussu, uma das regiões mais perigosas de Fortaleza.

Estou aguardando vestido de camisa e calças, quase chique comparado com os outros, com um monte de livros debaixo dos braços, no meio de indivíduos dos quais se acaba de tirar um revólver.

Meu vizinho de infortúnio, um jovem grande e forte, interpela-me:

— Você tem livros, é um intelectual? O que você fez?

Dou de ombros para lhe dizer que não sei mais do que ele.

Um policial acaba vindo me buscar. Pede para segui-lo e me instala diante de sua mesa, onde bate à máquina meu depoimento. Tiro todo o meu material: meus manuais de economia e os livros que trouxe do fórum de Florianópolis, onde descobri a economia social e solidária. Falo a ele da crise na Argentina, que deu a ideia às pessoas de generalizar os clubes de troca. Digo a ele que todos nós nos inspiramos nesse modelo, a fim de criar um sistema de intercâmbio para lutar contra a pobreza do bairro.

Depois espalho sobre a mesa dele as notas de palmas. Pequenas folhas retangulares de papel moeda, nas quais estão desenhadas palmeiras com uma quantia que diz o valor da nota: 50 centavos, 1 palmas, 2 palmas... até 10 palmas.

Eu as estendo para ele para apoiar minha demonstração e tento uma piada sobre o desenho delas. Ele ri. Percebo que ele não é totalmente hostil a mim.

Não compreendo por que nos acusam de dinheiro falso, pois os palmas não se parecem nada com os reais!

Nem sequer o material é semelhante, pois imprimimos os palmas na Argentina, que não usa o mesmo papel moeda!

Explico a ele que nossa finalidade é criar um banco de tipo novo, controlado pela comunidade, e que tem o objetivo de reduzir a pobreza em nosso bairro encorajando a economia local.

— O palmas, nossa moeda, é uma arma para combater a pobreza. Continuo dizendo que essas notas levam as pessoas a comprar onde moram. É o banco que empresta dinheiro em palmas.

Tiro tabelas para provar a ele que estamos em ordem, que não somos vigaristas. E viro uma nota.

No momento da impressão, insistimos com Strohalm para acrescentar uma citação atrás das notas. Eu estava escaldado pela primeira visita do Banco Central. Sabia que seus funcionários estavam de olho em nós e queria evitar enfrentar novos problemas judiciários.

Atrás de cada nota está escrito que se trata de um "bônus", para distinguir do dinheiro clássico.

Acabo minha exposição concluindo:

— De fato não sei por que sou processado.

O policial, atrás de sua máquina de escrever, concorda:

— Se o negócio do senhor for considerado como crime, não há por que se desesperar — diz-me ele. Não são processados aqueles que acumulam fraudes fiscais, casos de corrupção. E o senhor procura fazer coisas para os pobres e o despacham para mim... Ouça, o procedimento é este: eu devo fazer um relatório para o juiz. Não vou esconder que será favorável ao senhor. Sobretudo porque já ouvi falar de seu trabalho. Mas minha opinião não é suficiente. O promotor público fará depois uma investigação e escreverá um relatório, depois o juiz dará sua decisão.

Ele fecha a pasta, na qual classificou meu depoimento, e me acompanha à porta.

— Boa sorte — diz-me apertando a mão.

Esse inquérito de moeda falsa dura todo o ano de 2003. Mas dou um jeito para que o assunto fique em segredo. Só os íntimos, como Sandra e Jaqueline, que primeiro exerceu a função de agente de crédito, antes de se tornar a gerente do banco, sabem que somos processados pela justiça. Todo o nosso sistema se baseia na confiança. Se os clientes e os comerciantes souberem que somos ouvidos pela polícia, não quererão mais utilizar a moeda, por medo de serem interpelados ou de levarem calote! Se a informação circula, é o fim do Banco Palmas... Justamente agora, quando novos comerciantes juntam-se a nós.

Não posso correr esse risco, e vivo na angústia de que o processo seja descoberto. Ou, pior ainda, que eu seja condenado: estaria sujeito à prisão ou a trabalhos comunitários. É a primeira pena que me dá medo, a segunda é meu dia a dia há anos!

Felizmente, o promotor e a polícia não fazem publicidade em torno de nosso caso. E o processo termina em *happy end*. O parecer do promotor é a meu favor, e o juiz me escreve uma carta na qual me escusa de todas as acusações. Essa carta é importante para nós. Ela servirá para que interpelemos o governo para que ele reconheça oficialmente as moedas sociais. Porque de nosso pequeno projeto nasceram grandes esperanças.

10
A PARCERIA COM O
BANCO POPULAR DO BRASIL

A chegada de Lula ao poder como presidente do Brasil, em 2002, mudou a situação no plano político. Ele pôs em ação projetos de ajuda aos mais pobres, mesmo se eles não estão sempre à altura das expectativas dos atores dos movimentos sociais como eu, que continuam a viver todos os dias ao lado dos mais desprovidos de nosso país.

Em 2003, o governo Lula criou um banco de microcrédito destinado aos públicos mais frágeis. A ideia é generosa, mas a metodologia é catastrófica. O projeto é muito interessante, mas seus idealizadores erraram em um ponto. Para eles, o microcrédito consiste simplesmente em conceder empréstimos pequenos a pessoas pobres para criarem sua atividade ou consumirem nos circuitos tradicionais. Mas nós sabemos, por nossos anos de experiência com famílias miseráveis, que um trabalho de acompanhamento é essencial.

O projeto do Banco Popular do Brasil (BPB) não leva em conta o aspecto de relações com a comunidade, a importância do território e das garantias da vizinhança. O BPB faz convênios com os comércios próximos, encarregando-os de abrir contas nos bairros pobres.

Injetar muito dinheiro não é suficiente. O Banco Popular do Brasil logo faz essa experiência amarga. O dinheiro simplesmente desapareceu sem nenhuma ideia de desenvolvimento. O banco se depara com uma taxa de 30% de inadimplência. A metade do orçamento deles foi gasto em seis meses, e o maior custo foi... sua campanha de comunicação. O assunto colocou o governo em grande dificuldade.

Nós não tínhamos um milésimo dos recursos deles, mas já tínhamos melhorado sensivelmente a situação dos moradores do Conjunto Palmeiras. Eu escrevi uma carta para o Banco Popular do Brasil. Transmiti minhas dúvidas acerca do método deles e lhes contei nossa aventura no Conjunto Palmeiras. Eles me responderam sem dar importância à carta. Aplicavam o modelo deles e pouco se importavam com o nosso.

Mas não me dei por vencido. Telefonei várias vezes depois para estabelecer com eles um diálogo construtivo. Eu não queria que uma boa ideia fosse reduzida a nada por causa de má gestão. Meus telefonemas também tinham interesse, pois vivíamos em um período crítico. Com nossos 30.000 reais, nossa força de impacto permanecia limitada. Podíamos emprestar apenas a um número restrito de moradores. Se não conseguíssemos maior amplitude, o modelo correria o risco de falhar e de deixar à beira do caminho muitas famílias carentes.

No dia 18 de julho de 2005, o telefone toca em meu escritório. Ouço a voz de Antônio Valdir, o diretor da divisão de microcrédito do BPB. Ele me confirma que ele e outro diretor do BPB chegam dentro de alguns minutos. Acrescenta que vêm com uma contadora, e que gostaria que Jaqueline e ela examinassem juntas os documentos do banco.

Jaqueline fica pálida de terror quando chego a sua sala e lhe dou a notícia, com um grande sorriso nos lábios, acho que ela vai desmaiar.

— Mas Joaquim, eu não sou contadora — diz-me a moça —, o que vou fazer se ela me faz perguntas técnicas demais? Ela é profissional, fez estudos especializados, eu me formei na prática. Não quero ir, não é possível, Joaquim, não quero ir...

Eu tento tranquilizá-la dizendo que ela se sairá muito bem. Conheço Jaqueline desde que ela era bebê. Eu traduzia para a irmã dela as cartas enviadas pela madrinha dela, uma alemã que a ajudava através de uma associação caritativa, depois ela foi minha aluna no colégio e participou em meu grupo de teatro. Desde 2000, ela faz parte da equipe do banco, cujos degraus ela subiu até ser hoje sua gerente. Eu confio nela, embora não seja especialista em economia de gestão, porque ela conhece bem a comunidade. Eu disse isso a ela para lhe dar coragem, mas ela não parece estar tranquila.

A jovem funcionária em traje a rigor instala-se com nossa jovem gerente de saia leve e sandálias à mesa redonda sobre a qual acumulamos nossas pastas empenadas pela umidade. Ouço a técnica do BPB pedir a Jaqueline nossos livros contábeis, nossos estudos de viabilidade... Vejo minha antiga aluna empalidecer, mas a abandono à própria sorte.

Na sala vizinha, Antônio Valdir e outro diretor do Banco Popular do Brasil me esperam. Eu me preparo para apresentar o projeto Palmas. Mas eles logo me interrompem:

— Joaquim, nós viemos para propor a vocês uma parceria. Nós abrimos uma linha de crédito para os moradores por intermédio do Banco Palmas e fazemos do senhor nosso correspondente bancário.

— Seu correspondente bancário?

— Se alguém quiser abrir uma conta em nosso banco ou receber sua pensão de aposentadoria, poderá fazê-lo vindo ao Banco Palmas, e vocês utilizarão nossa infraestrutura, nossos programas de pagamento e de gestão...

— Genial! — Eu me entusiasmo, mas coloco logo uma condição ao negócio: para os empréstimos, funcionaremos segundo nossos critérios, os critérios do Banco Palmas; não consultamos o fichário das proibições bancárias para recusar um crédito, baseamo-nos em uma pesquisa de vizinhança para dar nosso aval. Acompanhamos as pessoas a quem concedemos um empréstimo e o renegociamos se o cliente tem dificuldades...

Eles aceitam as condições. A metodologia deles fracassou. Eles buscam uma nova abordagem, e estão prontos a nos testar para ver se nosso conhecimento de bairros pobres é uma vantagem.

"Perfeito, estamos de acordo", concluímos encantados.

Ao abrir a porta, encontramos Jaqueline e a técnica.

— Chefe, temos um pequeno problema — diz ela com um gesto embaraçado.

Ao lado dela, Jaqueline ficou vermelha.

— Como documentos eles só têm isto — diz ela, estendendo a seus superiores nosso modesto material: uma tabela com apenas duas colunas, entrada e saída, e a lista de nossos clientes.

Valdir dá risada: "De banco vocês só têm o nome e a vontade de ser um!" Ele folheia nosso registro que detalha a utilização dos 30.000 reais que temos em caixa. "Vocês não têm nenhum patrimônio, nenhuma técnica... A situação de vocês é delicada. Vai ser difícil fazer um contrato..."

Mas Valdir acredita em nós. A técnica e o patrimônio fracassaram com os mais pobres. Então, por que não tentar essa maneira? O Banco Palmas deve muito a Valdir. Eu serei eternamente grato a ele por ter apostado e confiado em nós, apesar da fragilidade de nossa estrutura. Ele fez todo o possível para que obtivéssemos uma linha de crédito de 30.000 reais a mais em parceria com o Banco Popular do Brasil. Uma quantia que permitiu que ultrapassássemos o umbral crítico no qual tropeçávamos, por falta de meios. Hoje, essa parceria ultrapassa o milhão de reais.

Foi assim que me tornei banqueiro.

Nossa ideia teve seguidores: 46 bancos comunitários foram criados no Brasil, seguindo o modelo do Banco Palmas. Todos eles utilizam uma moeda local, sob a forma de notas como estas que apresento na foto. Graças à parceria com o Banco Popular do Brasil, os bancos comunitários dispõem de programas de gestão caros, que lhes permitem acolher de maneira profissional os moradores dos bairros onde são implantados.

(foto: Jornal *O Povo* / Rodrigo Carvalho, 18/2/2008)

QUINTA PARTE
UM LABORATÓRIO PARA UMA NOVA ECONOMIA

1
O BANCO PALMAS, UM BANCO DO POVO

Erguemos o Banco Palmas em cima de uma ideia: construir ao mesmo tempo a oferta e a procura para criar a riqueza no Conjunto Palmeiras. Desde 1998, mudamos de escala, mas não de princípios.

Hoje nós gerenciamos uma carteira de crédito de 1,8 milhões de reais[2] para o Banco Palmas e a rede de bancos comunitários que criamos em todo o Brasil. O aumento de nosso portfólio foi progressivo e nos permitiu rever, para cima, o número e o montante dos empréstimos concedidos. Após uma primeira experiência frutuo-

---

[2] No verão de 2009, o Banco Popular do Brasil nos concedeu 1,5 milhões de reais, e o Estado do Ceará, 300 mil reais.

sa, o Banco Popular do Brasil decidiu nos conceder, progressivamente, um pouco mais de dinheiro.

Temos uma atuação tripla no bairro. Damos empréstimos para a produção. As taxas variam de 1,5 a 3% e os empréstimos são reembolsáveis em seis meses. O montante não é muito elevado, mas oferece uma ajuda preciosa aos comerciantes que querem crescer — por exemplo, um merceeiro que quer comprar um freezer para estocar mais produtos. Os empréstimos permitem também criar uma atividade. Foi assim que nasceu a PalmaFashion, a primeira cooperativa de costureiras do bairro, que alojamos nas dependências do banco.

Concedemos também empréstimos para o consumo. Sobre esses empréstimos não há juros. E os empréstimos são feitos em palmas, a moeda do bairro. Tomemos o exemplo de Maria, que é costureira. Ela faz o empréstimo em palmas no banco, quando seus clientes demoram a pagar, e nos reembolsa em reais quando as faturas são pagas. Com o palmas, ela compra produtos de base nos comerciantes do bairro. E ela é beneficiada com uma redução nos preços no atacado. Para incitar os clientes a utilizar a moeda social, numerosos comerciantes — hoje são 240 em nossa rede — propõem tarifas reduzidas quando se paga em palmas. Com o gás, por exemplo, economiza-se um real. Isto não era de se desprezar, pois o salário mínimo era de 465 reais.

Hoje 30.000 palmas circulam no bairro. E nossa intuição primeira foi confirmada por um pesquisador, Jeová Torres, que trabalha para a Universidade Federal do Ceará. Ele realizou uma pequena experiência, com a cumplicidade dos comerciantes. Marcou uma nota de um palmas com uma cruzinha em um canto para reconhecê-la. Fez a mesma coisa com uma nota de um real. No fim do dia, a nota de um palmas tinha passado pelas mãos de cinco comerciantes. A nota de um real foi trocada uma vez, porque o sinal não foi mais encontrado. Ao passo que os reais são gastos principalmente fora do Conjunto Palmeiras, a "velocidade de circulação" dos palmas no bairro é importante. Quanto mais eles circulam no bairro, mais eles estimulam as trocas locais.

Finalmente, nossa terceira função é a de ser correspondente bancário do BPB. Nos guichês de plástico azul e amarelo do Banco Palmas, os moradores podem abrir uma conta em banco e dispor de um cartão de crédito, pagar por transferência bancária sua conta de luz ou receber sua pensão ou aposentadoria. Além da carteira de crédito, o BPB nos deu seus programas de gerência de conta e sua tecnologia — instrumentos profissionais que custam muito caro e nós não teríamos condições de ter.

Essa parceria foi bastante malvista nos meios da economia solidária. Fomos acusados de pactuar com o sistema capitalista e mercantil clássico, porque o BPB pertence ao sistema financeiro dominante. Mas eu estava tranquilo em relação a essas críticas. Quando se sabe aonde se vai, quando se está seguro de sua linha, pode-se argumentar contra todas as oposições.

Ao contrário, para nós essa parceria é fantástica. O BPB aceitou vir e ser regido sob o controle da comunidade! Era uma experiência piloto no Brasil, e isso nos permitiu oferecer a nossos clientes uma variedade de serviços inéditos para eles. Pudemos fazer um banco a nossa imagem, que acolhe as pessoas que estão excluídas dos serviços bancários no sistema clássico. Criamos também uma instituição em um lugar onde nenhum banco se instala, porque não é rentável.

Certamente, com o BPB foi preciso também fazer compromissos. Mas nós concordamos em fazer concessões, porque essa parceria era estratégica. O principal compromisso se referia às taxas. O BPB nos emprestava a 1% para que nós emprestássemos a 4% a nossos clientes. Na época, 4% eram considerados uma taxa baixa no Brasil, mas para nós já era elevada demais. A taxa mais alta que praticávamos era de 3%.

Tivemos de aceitar essa taxa. Mas contornamos o programa, que estava fechado nos 4%, para poder conceder a nossos clientes a mesma taxa que antes. Para fazer isso, realizávamos no final do empréstimo uma ginástica contábil de redução sobre o montante total do empréstimo – oficialmente 4% — para atingir uma taxa global de 3%.

Hoje conseguimos modificar o programa e redefinimos nosso acordo com o BPB: ele nos empresta a 1% para que nós optemos em seguida por taxas que vão de 1,5% a 3%.

O segundo compromisso refere-se ao prazo de reembolso. Todo mutuário, que não pagar seu empréstimo, tem 90 dias de prazo suplementar para saldar sua dívida. Depois dos 90 dias, devemos reembolsar o BPB. Quando um cliente não reembolsa no final de 90 dias, temos duas opções: renegociamos sua dívida com o BPB e fazemos um novo empréstimo, ou, quando não é possível com o BPB, nós reembolsamos o BPB por ele e abrimos uma linha paralela em que o cliente nos reembolsa quando puder.

Não somos obcecados pelas taxas de cobrança. Sempre vivemos em um bairro pobre e sabemos — quando se estabeleceu um sistema de confiança — que as causas da não devolução do empréstimo devem-se, principalmente, a uma má avaliação do projeto ou a um problema familiar — um filho ou um pai na prisão, o que acarreta custos judiciais, por exemplo. Nesse caso, é preciso deixar tempo para as pessoas e não afundá-las mais quando já se encontram em uma situação difícil. Por isso, concedemos um novo empréstimo, ou nos reembolsamos em lugar delas, esperando que possam recuperar-se. A conjuntura da vida é variável. Muhammad Yunus explica que o tempo de devolução dos empréstimos, ao Grameen Bank, pode chegar até a três anos, pois os rendimentos são aleatórios em função das colheitas. Para os dramas pessoais, os desafios são os mesmos. A vida pode ter problemas sazonais.

Quando um empresário não pode reembolsar por causa de falência, nós dividimos o fracasso. Se concedemos um empréstimo a uma empresa que não é viável, a culpa também é nossa: avaliamos mal nossa decisão. Emprestar dinheiro é uma grande responsabilidade. Um dinheiro mal emprestado é crime, como no caso das *subprimes*, que provocaram a crise financeira mundial. Se o empréstimo for mal avaliado, os mutuários vão acrescentar dívidas a sua situação de vulnerabilidade inicial.

Não devemos ter obsessão pela taxa de não devolução do empréstimo. Por isso, nós temos essa conta paralela, que constitui uma rede de segurança para dar aos mutuários o tempo de reembolsar no ritmo deles. Nem por isso essas escolhas significam que somos inconsequentes. No longo prazo, esse sistema de confiança mostra-se eficiente. Nossa taxa de não recuperação é da ordem de 2% e aproxima-se de zero quando se alonga o prazo do pagamento. O dinheiro leva mais tempo para voltar a nossas caixas, mas volta.

Em 2008, concedemos 910 empréstimos para a produção e 1.200 para o consumo. Nossas dependências não têm nada a ver com aquelas do começo. No salão do banco, aberto de segunda a sábado, os moradores esperam para serem recebidos pelo caixa ou consultar os anúncios de emprego no computador ligado à rede nacional. Em um canto, a televisão difunde permanentemente as notícias ou a última telenovela. As pessoas aguardam sua vez nas caixas de plástico. Na parede em frente, uma vasta maquete — versão em miniatura das casas e ruas do bairro — lembra que este lugar é o fruto de uma longa história, que começou nos anos 1970. Em cima, um cartaz repete o slogan que nos acompanhou todos esses anos e que, para nós, quer dizer muito: "Deus criou o mundo, nós construímos o Conjunto Palmeiras".

Atrás do salão, fizemos novas construções: mais um pátio acolhe os cursos do Bairro Escola de Trabalho, escritórios e salas de reunião. Não somos apenas um banco, iniciamos também vários projetos sociais. O Bairro Escola é uma escola profissionalizante para os jovens do bairro. Nós os formamos em economia social e solidária e em diversos outros setores de atividades, como o turismo. Impomos a cada adolescente um imperativo de formação: juntamente com um ofício, deve aprender a história do bairro e os fundamentos de nosso sistema de economia social e solidária.

Nos últimos meses de aprendizado, eles são colocados a fazer estágio com os comerciantes ou produtores do bairro. Organizamos também cursos para preparar para o concurso de entrada na universidade.

A história de Palmalimpe é simbólica do modelo que queremos desenvolver. Foi criada por quatro jovens do bairro, entre eles Jaqueline, seguindo um estudo que lhes tínhamos encomendado. Nossa arma de desenvolvimento econômico é a "cartografia do consumo e da produção". Os jovens fizeram a pesquisa para saber os locais onde se concentravam os gastos e as compras da comunidade. A primeira cartografia permitiu determinar que as famílias tinham três campos principais de consumo: a alimentação, a higiene pessoal e a higiene da casa.

Daí deduzimos que, para criar empregos, era preciso encorajar a criação de empresas orientadas para essa demanda. Palmalimpe propõe produtos de higiene fabricados no lugar. Nós traçamos regularmente esse mapa da demanda para saber que tipo de empresa devemos apoiar com os empréstimos do banco.

Quem decide conceder os empréstimos são os "agentes do crédito". Eles examinam o pedido, fazem o porta a porta na vizinhança para assegurarem-se da confiabilidade do mutuário, discutem longamente com ele e depois tomam sua decisão. Não pedem acesso às contas dele, não verificam se tem algum impedimento bancário. A decisão não é tomada a partir dos números, mas das palavras, não a partir das tabelas distantes de rentabilidade, mas a partir da confiança e da proximidade.

Hoje somos uma equipe de 30 empregados para fazer funcionar a rede Palmas no dia a dia, todos oriundos do Conjunto Palmeiras. Jaqueline, 28 anos, é a gerente do Instituto Palmas. Adriano, 24 anos, cuida do sistema informático e das ligações com outros bancos. Elias gerencia Palmalimpe, ao mesmo tempo em que cursa filosofia na universidade; o jovem de 24 anos é um dos raros moradores do bairro a ter conseguido entrar na universidade, chegando inclusive a ser bem classificado no vestibular. No entanto, esse sucesso não foi obtido antecipadamente por esse jovem brilhante, mas passou de escola a escola, e começou a estudar bem tarde, depois de ter ajudado sua mãe, que batalhou para viver sozinha com três filhos depois que seu marido a deixou quando Elias tinha apenas cinco anos. Os salários de todos os empregados — tanto os do banco como os das empresas solidárias abrigadas pelo Banco — são pagos em 80% em reais e 20% em palmas, para estimular o consumo local.

O vigilante da companhia de seguro, que vigia a entrada do banco, é o único assalariado que não é do Conjunto Palmeiras. Hesitamos longamente em tomar os serviços de um vigilante privado. A violência no bairro do Conjunto Palmeiras não é do mesmo tipo que no Rio de Janeiro ou em São Paulo, com gangues organizadas de maneira hierarquizada pelo controle de um território. Aqui se trata, sobretudo, da pequena delinquência, ligada ao consumo de drogas.

Tomamos a decisão em 2008, depois de termos sofrido quatro assaltos à mão armada desde o começo, há dez anos. Os assaltos são inevitáveis. Os assaltantes não são pessoas do bairro. Eles só querem reais, os palmas, não. A questão da segurança é objeto de grande debate dentro do Fórum Econômico Local (Fecol) — o grupo dos moradores que supervisiona e orienta as atividades do banco. Para mim, é uma questão altamente delicada.

Aceito que devamos recorrer aos serviços de uma companhia de seguro. Mas não quero exagerar na luta contra a violência. A segurança é uma missão de serviço público, missão da polícia. Esta muitas vezes está retirada de nossos bairros, como a maioria dos serviços do Estado, que faltam aqui cruelmente — não temos agência de correios, delegacia nem hospital, e nós somos mais de 30.000 moradores —, mas nem por isso a população deve armar-se. Assim correríamos o risco de pôr o dedo em uma engrenagem perigosa. Hoje o vigilante tornou-se um alvo. Os delinquentes que atacam visam mais suas armas e seu colete à prova de balas que o dinheiro que temos em caixa.

Prefiro assumir o risco de ser vítima de ataques — o que é inevitável, mesmo nos bairros chiques no Brasil — a nos fechar em uma lógica demasiado segura.

Nossa estrutura é ainda artesanal. E nossos recursos não são desmedidos. O banco só seria rentável por suas atividades de empréstimo e de correspondente bancário. Mas nós somos uma organização de economia solidária. Mantemos diversos projetos educativos: o Bairro Escola, do qual Maria do Socorro Alves é um dos pilares. Depois de ter-se formado, desde a idade de 14 anos, trabalhou como assalariada na creche comunitária, depois no centro de nutrição como agente de saúde. Há os projetos culturais: o grupo de música Bate Palmas; e os programas para gerar emprego, cujos orçamentos não são equilibrados por uma só atividade. Funcionamos e pagamos todos os salários em parte graças às ajudas que recebemos dos poderes públicos e das ONGs internacionais. Nosso modelo segue em frente, mas precisa de uma mãozinha.

2
O INSTITUTO PALMAS E OS 40 BANCOS COMUNITÁRIOS

Nós somos como um laboratório que encontrou uma fórmula medicinal, mas que precisa da indústria farmacêutica para desenvolvê-la em grande escala. O Secretário de Estado brasileiro para a Economia Solidária desempenhou para nós esse papel de acelerador.

Em 2003, nós criamos, a partir do Banco Palmas, o Instituto Palmas, encarregado de exportar o modelo dos bancos comunitários com o Secretariado Nacional para a Economia Solidária criado pelo governo Lula.

Inauguramos, até agora,[3] 47 bancos — inclusive o nosso — em vários Estados do Brasil. O princípio é o mes-

---

[3] Este livro foi publicado, na França, em outubro de 2009. De acordo com o site do Banco Palmas, em 2013 eram 103 bancos [NT].

mo em todo lugar: um banco gerido pelos moradores, que utiliza uma moeda válida unicamente no bairro e distribui empréstimos para a produção e para o consumo.

Nós definimos os seguintes critérios. Antes de tudo, os bancos comunitários são propriedades da comunidade e são geridos pelos moradores organizados em associação. Os bancos oferecem duas linhas de crédito: uma para a produção, a outra para o consumo. Os juros desses empréstimos são inferiores às taxas do mercado. Um banco comunitário visa ajudar os bairros onde existem fortes desigualdades e onde os moradores não têm acesso aos serviços bancários clássicos. Eles constituem o núcleo central de uma rede de economia social e solidária e articulam-se em torno de empresas para criar emprego na comunidade.

Finalmente, última característica: o uso de uma moeda social. O emprego de uma moeda local não constitui nenhuma novidade. Este princípio existe há séculos. Mas a especificidade desse uso, no contexto dos bancos comunitários, é que não se trata de uma moeda criada pelos clubes de troca, com circulação reduzida a uma associação ou aos clientes de um banco, mas de uma moeda "circulante", que abrange todo o bairro. Ela é respaldada pela moeda nacional, o real, e oferece um poder de compra a todo o bairro.

A moeda social não atua contra a moeda nacional. O acesso à moeda nacional é muito difícil para essas populações excluídas do sistema bancário. A moeda social tem uma missão dupla: ser utilizada para parar de pensar o dinheiro como fetiche e servir para amplificar a riqueza local. Se eu tenho 10 reais, vou gastá-los em qualquer parte, não importa onde, em Fortaleza. Se tenho um palmas, vou gastá-lo no Conjunto Palmeiras.

Cada moeda local tem um nome escolhido pelos moradores do bairro, para identificá-la em seu território de circulação. Uma comunidade chamou sua moeda de "tac", porque é uma expressão muito empregada no bairro. A moeda social não é neutra: desempenha um papel de identificação e de coesão social, importante para o bairro.

Cada ano, recebemos 250 pedidos de criação de bancos por comunidades ou municípios. Visitamos cerca de trinta deles e criamos dez bancos por ano. O critério essencial para nós é que haja um real interesse da comunidade pelo projeto. Eu vou ao local e testo, durante um seminário de sensibilização, a vontade da população. Em quatro horas apresento o método e a filosofia do projeto. Em seguida, é preciso que as pessoas se apropriem dele, senão não pode funcionar, pois tudo está baseado no princípio de um banco gerido por seus moradores. Para começar, basta ter uma sala e computadores, algum fundo fornecido pelos poderes públicos, e foi dada a partida!

Nós implantamos uma grande parte dos bancos comunitários em meio rural. Nessas regiões, os moradores deviam muitas vezes fazer 40 quilômetros antes de encontrar um banco clássico e poder utilizar seus serviços financeiros de base. O acesso ao crédito não era factível para essas populações isoladas e muito pobres.

É o caso de São João do Arraial, no Piauí. A cidade de 7.000 habitantes tem o índice de desenvolvimento humano mais baixo do Brasil: 77% da população vive com menos da metade do salário mínimo, que é de 465 reais. A economia do setor está baseada na agricultura, principalmente a cultura do arroz, do feijão e da mandioca, bem como na criação de porcos e cabras.

Para compreender melhor a pobreza desse município, eis alguns números suplementares: dos 500.000 reais que circulam no setor, apenas 20.000 são frutos da produção local. O resto vem da ajuda do Instituto Nacional de Seguridade Social, da prefeitura e do programa bolsa-família, subsídios feitos pelo governo Lula para as famílias mais pobres.

As pessoas de São João do Arraial deviam percorrer 40 quilômetros para ter serviços bancários antes de montarmos com eles, a pedido da associação CARE, o banco comunitário Cocais. Hoje, no âmbito da parceria entre o Instituto Palmas e o Banco Popular do Brasil, eles podem pagar suas contas e receber suas pensões, e beneficiar-se de créditos para a produção e o consumo. A cidade, que apoia a iniciativa, aprovou uma lei para que seus empregados sejam pagos em até 25% em moeda local. Desta maneira, São João do Arraial pode restabelecer um ciclo de desenvolvimento virtuoso.

Encontramos sucessos e, às vezes, também empecilhos, como recentemente em Alcântara. Criamos um banco comunitário nessa ilha turística. Os visitantes aderiram ao projeto e quiseram comprar notas da moeda local como lembrança de suas férias. E tivemos um problema com as pessoas da comunidade.

Expliquei aos moradores que, para eles, tratava-se de uma oportunidade formidável de criação de riqueza.

Imprimir papel moeda não custa nada. Eles podiam, portanto, vender a moeda aos turistas, se quisessem, e acumular uma mais-valia sobre essa venda. O comércio local lhes teria dado reais injetando uma liquidez que não tinha no começo. Fiz desenhos para eles, discuti com eles durante horas explicando que era o sonho de todo banco comunitário poder ganhar dinheiro assim com sua moeda local.

Mas para eles isso não era factível. Se o dinheiro saísse do bairro, ele desapareceria. Eles se recusaram categoricamente a vendê-lo. E formou-se um círculo vicioso. Os comerciantes aceitaram vender a moeda aos turistas. Mas como o banco não emitia muitas notas e se recusava a vendê-las pela tarifa normal, uma moeda por um real, pouco a pouco elas se tornaram raras. Instalou-se um mercado negro e as notas foram vendidas muito caras: uma nota por 16 reais. Depois, a moeda desapareceu... O sistema entrou em colapso. Voltamos à ilha e retrabalhamos um novo dispositivo com os moradores para reorganizar o banco. Às vezes é preciso recomeçar várias vezes uma coisa antes de ter êxito.

Hoje existem 46 bancos comunitários no Brasil. Nosso objetivo é criar uma rede de 1.000 bancos até o fim de 2010, sendo 300 deles no Nordeste, a região que concentra quase a metade da população pobre do país! Desejamos abrir pelo menos um banco por Estado. Os bancos comunitários são uma pista de resposta à crise mundial que atravessamos. Essa crise sistêmica mostrou uma nova falha do modelo capitalista. O modelo dos grandes bancos todo-poderosos, com gestão opaca, faz estragos na economia. Conduziu à falência mundial e a repercussões sociais dramáticas em cascata. Defendemos outra solução para gerar atividade e renda: bancos descentralizados, transparente, colocados sob o olhar de seus usuários.

Nunca seremos um grande banco com belos guichês e ar condicionado. Mas os bairros pobres — onde nenhum banco se instala — precisam de pequenas instituições como a nossa. E a crise talvez seja uma oportunidade para nos desenvolvermos. Um banco comunitário pode ser rentável com um capital de 300.000 reais. Achamos que é uma missão de serviço público investir esse capital inicial. As autoridades devem jogar o jogo ao injetar esse dinheiro nos bairros desfavorecidos.

Nossa experiência pode adaptar-se e ser instalada em toda parte onde há populações pobres. Para abrir um banco comunitário, basta uma sala, um computador e uma comunidade motivada! Gostaríamos de criar uma rede de bancos comunitários latino-americanos. Na Venezuela, Hugo Chaves escolheu seguir nosso modelo. Ele enviou uma delegação a Fortaleza para estudar nosso funcionamento. Sandra tinha participado em 2006 de uma conferência em Caracas, na qual ele estava presente. Ficou seduzido pela ideia e a pôs em prática. O Instituto Palmas assinou em março de 2008 um acordo com seu governo. Hoje existem quase 3.600 bancos comunitários na Venezuela.

Iniciamos também conversações com Paraguai, Equador, Moçambique e Timor Leste. E recebemos delegações do Chile e da África do Sul.

3
EM BUSCA DE UM MARCO LEGAL

Esse reconhecimento internacional nos deixa muito contentes. Porque, no plano nacional, embora disponhamos de fundos públicos, devemos batalhar por um reconhecimento legal. Nossa existência permanece frágil e precisaríamos de uma lei que nos assegure bases sólidas.

O banco me fez reatar com a política, mas desta vez como lobista. Atualmente, passo minhas semanas entre Fortaleza e Brasília. Na capital brasileira, negocio com três tipos de intermediários. Meus interlocutores financeiros são os membros do Banco Popular do Brasil. Meus contatos dentro do governo são: Paul Singer, o Secretário de Estado para a Economia Solidária, Dione Manetti e Haroldo Mendoza, que trabalham com o ministro. E para o Congresso Nacional, trabalho com Xavier Eudes, o deputado federal pelo PT do Ceará, que é um companheiro de caminhada de longa data. Xavier é o presidente da Frente Parlamentar para a Economia Solidária. O Banco Palmas é seu estandarte. Ele pode apoiar-se em nosso exemplo para afirmar que a economia social funciona! Trabalhamos juntos para defender uma lei, que estabilize nosso setor.

Luíza Erundina, deputada federal pelo PT e ex-prefeita de São Paulo, apresentou um projeto de lei, do qual Xavier Eudes é o relator, para legalizar o setor bancário alternativo. Para nós, uma lei é essencial, porque nos reconheceria como um ator legítimo do sistema financeiro. A lei Erundina reconhece os bancos comunitários e os autoriza a capitalizar a poupança dos moradores.

Em substância, o projeto prevê a criação do Conselho Nacional de Finanças Populares e Solidárias, que regulamentaria o segmento das finanças solidárias no Brasil. Esse Conselho teria como membros representantes do governo (como funcionários do Ministério da Indústria e do Banco Central do Brasil) e representantes da sociedade civil nomeados pelo Conselho Nacional da Economia Solidária.

Esse texto permitiria inscrever-nos em um marco legal e nos desenvolver. Hoje, mesmo entre nós no Conjunto Palmeiras, nem todos os moradores utilizam a moeda social, pois dizem que o sistema pode desabar a qualquer momento. A lei tiraria também outro empecilho para nosso desenvolvimento. Ao autorizar a poupança, ela permitiria que dispuséssemos de fundos que poderíamos coletar sem depender unicamente do dinheiro público para nosso crescimento. Essa alavanca poderia, talvez, ampliar nosso campo de intervenção, pois embora a pobreza tenha recuado nas Palmeiras, permanece uma realidade cotidiana, e nós só podemos atingir uma parte limitada dos moradores do bairro.

Para nós, esse projeto de lei é perfeito. Mas ele encontra uma forte oposição do sistema bancário clássico, bem como de vários membros do governo. Nestas condições, acho que tem poucas chances de ser aprovado pelo Parlamento. A caminhada ainda é longa, mas nós lutaremos sem trégua para obter ganho de causa. Para que outros bairros como o Palmeiras possam dispor também de instrumentos de seu próprio desenvolvimento econômico. E mostrar que outro sistema bancário é possível.

A história do Conjunto Palmeiras é a prova disso!

EPÍLOGO

Augusto colocou sua camisa xadrez, Marinete, seu relógio dourado, e Maria do Socorro Alves, suas joias. Eu não estava nesse dia — uma conferência me afastara de Fortaleza —, mas eles me contaram tudo nesta manhã nos mínimos detalhes.

Guilherme Sampaio, vereador de Fortaleza pelo PT, faz, nesse mês de outubro de 2007, um discurso altamente simbólico para nós. O vereador vai anunciar nossa passagem de status de favela para o status de verdadeiro bairro. Os moradores vieram à prefeitura para poder assistir nas tribunas a esse momento histórico.

Há um pouco mais de trinta anos, o Conjunto Palmeiras era apenas um *no man's land*, terreno baldio e isolado, onde a cidade alojara à força aqueles que não queriam mais ver em suas belas avenidas. Nós habitamos o inabitável: uma favela sem água nem eletricidade, uma favela escura esquecida de todos. Lutamos para urbanizar esses caminhos de lama e essas choças de pau e argila. Construímos um canal de drenagem e criamos um banco. Hoje, pessoas do mundo inteiro vêm estudar nosso desenvolvimento e nosso modelo de instituição financeira alternativa.

É essa história que Guilherme Sampaio conta ao microfone, na sala confortável e com ar condicionado em que se reúne a câmara municipal. As palavras que traçam nosso percurso "extraordinário", como ele diz, enchem os moradores de um orgulho imenso. A emoção está à flor da pele, eles ouvem o reconhecimento de sua epopeia por uma autoridade que por tanto tempo os rejeitou.

Nesse dia de outubro, o Conjunto Palmeiras torna-se, por decreto, um *bairro* como os outros, inscrito na cidade e em seus registros. Guilherme Sampaio não preparou seu discurso. Improvisa com brio, pois conhece bem as aventuras do Conjunto Palmeiras, por tê-las seguido de perto. Sua alocução é o acabamento de um longo processo de discussão com a comunidade.

Até agora, o Conjunto Palmeiras era uma mancha na cidade, um espaço imperfeitamente delimitado, que até os poderes públicos tinham dificuldade de situar com precisão em um mapa do vasto conjunto do Grande Jangurussu. Essa imprecisão geográfica provocava disfunções na distribuição dos correios — os carteiros, às vezes, não conseguiam localizar os endereços — e dos poderes públicos — a administração tinha dificuldade de destinar com exatidão suas subvenções para um lugar, por falta de cadastro.

Esse status oferece-nos novas possibilidades de desenvolvimento. Sem existência administrativa, nós estávamos também sem estatísticas oficiais. Agora que somos um bairro, teremos dados tangíveis, como as outras partes da cidade, que nos permitirão ir mais longe em nosso combate contra a pobreza.

Mas para nós essa mudança excede as simples vantagens práticas que se seguem daí. Trata-se, sobretudo, de um reconhecimento de nossa identidade e de nossa autonomia.

"O Conjunto Palmeiras cresceu muito, desenvolveu uma vida interna própria e, acima de tudo, fortaleceu-se muito após a criação do Banco Palmas." Essas frases do vereador tocam no coração dos moradores. O discurso dele oferece a dimensão justa a nossas lutas e dá-nos força para ir mais longe.

Os desafios continuam imensos no Conjunto Palmeiras, apesar dos passos de gigante que foram dados em trinta anos. A pobreza permanece um drama diário. A brecha que nos separa dos bairros ricos toma hoje outras formas, numérica e ecológica. Temos de lutar para ficar ligados à Internet — apenas três cibercafés oferecem acesso à rede, para uma população de cerca de 30.000 habitantes. E criar novos empregos em redor dos desafios ecológicos, para pôr nosso bairro de acordo com a proteção ambiental. Devemos encontrar novos parceiros financeiros para nossa rede de bancos comunitários e aproveitar a evolução das novas tecnologias, que permitem pagar nossas contas com moedas sociais em telefones celulares.

Temos também a obrigação moral de não deixar à beira do caminho todos aqueles que ainda não embarcaram no trem do crescimento do Conjunto Palmeiras.

O banco funciona de modo semelhante à prefeitura, recebendo todas as queixas do setor, mas sem ter os meios de remediá-los totalmente. Ainda há muitos moradores que vivem em uma pobreza extrema. Estamos em um limite crítico de nosso desenvolvimento. É preciso continuar muito depressa a desenvolver o modelo e exportá-lo por toda parte onde possa ser implantado. Nosso progresso, porém, não deve levar-nos a negligenciar os mais desprovidos. O Banco Palmas e a associação dos moradores devem repensar sua ação, a fim de encarar os desafios da nova década que se inicia. Devemos ir adiante sem cortar nossas raízes populares, mantendo sempre presente que somos participantes do movimento dos moradores e que a ele devemos tudo.

Ainda é longo o caminho a percorrer antes de transformar o Conjunto Palmeiras em um paraíso, mas sei, olhando para trás, que podemos chegar lá.

Nossa história é nossa força. Por isso é importante compartilhá-la.

ÍNDICE

Prefácio 09

Primeira parte: Seminarista na favela.....................15
    1. Um jovem seminarista rebelde...............................17
    2. A ruptura...29
    3. Padres da favela...35
    4. A chegada a Palmeiras 45
    5. Augusto, Marinete e os outros 47
    6. Na clandestinidade...59
    7. O adeus à Igreja...67

Segunda parte: A luta pela água 77
    1. Umidade permanente 79
    2. Aqui se morre...83
    3. As "ocupações" 93

4. O ultimato 101
   5. A contagem regressiva começou 109
   6. O dia D 113

Terceira parte: Assumir o próprio destino 119
   1. Carta a Dora 121
   2. Pesquisador popular 127
   3. O canal de drenagem 133
   4. Peripécias no canteiro de obras 141
   5. A vida suaviza-se 151

Quarta parte:
   Lutar contra a pobreza, a moeda
   da solidariedade 167
   1. O desafio econômico 169
   2. Busca desesperada de dinheiro 179
   3. Inauguração do Banco Palmas 185
   4. O dia seguinte da festa 191
   5. O Banco Central aterrissa 197
   6. Os começos do banco 201
   7. A descoberta da economia social e solidária 209
   8. O nascimento do Palmas 213
   9. O Banco Central aparece (de novo) 223
   10. A parceria com o Banco Popular do Brasil 227

Quinta parte:
   Um laboratório para uma nova economia 233
   1. O Banco Palmas, um banco do povo 235
   2. O Instituto Palmas e os
      40 bancos comunitários 245
   3. Em busca de um marco legal 251
   Epílogo 255

AGRADECIMENTOS

Obrigado a toda a equipe do Banco e do Instituto Palmas, por seu trabalho no dia a dia: Sandra, Jaqueline, Adriano, Elias, Iziane, Abiqueila, Gil, Fran, Eliane, Daniele, Océlia, Adriana, Manuela Viviane, Izimário, Elizângela, Tânia, Mariana, Claudemir, Otaciana, Isaac, Isaías, Odilon, Dirley, Júnior, Raimundo, Roberta e Toni.

Obrigado aos moradores de todas as lutas: Augusto, Marinete, Toinha, as três Maria do Socorro: Serpa, Alves e Cardoso, José Valdo, Manoel Evangelista.

Obrigado ao Padre Chico, Padre Luís, Padre Manfredo Oliveira, Irmã Luzia e Irmã Yolanda por terem aceito cavoucar em suas memórias para nos fazer parte de suas lembranças.

Obrigado também a Francisco Bezerra e a Maria Dacília de Lima Silva.

Obrigado a Marcelo Lopes Corrêa, do Banco Popular do Brasil, por suas preciosas análises.

Obrigado aos deputados federais Luíza Erundina e Xavier Eudes, ao vereador Guilherme Sampaio, pelo tempo que nos concederam.

Obrigado a Wellington Senna e a Clóvis Holanda, assistentes mais que eficazes desses últimos eleitos.

Obrigado aos pesquisadores que trabalharam na história do Conjunto Palmeiras e nos abriram suas reflexões e seus inestimáveis arquivos: Yves Cabannes (University College of London) e Jeová Torres (Universidade Federal do Ceará).

Obrigado aos parceiros europeus que acompanharam esta aventura, a Patrick Bodart, e àqueles que citamos no livro.

Obrigado a Universidade Federal do Ceará por seus preciosos arquivos, a Herson Miranda e a Maria Teresa Ayres (*O Povo*), e a Michelle Costa (*Diário do Nordeste*) pela sua paciência na exploração minuciosa dos tesouros escondidos de seus respectivos jornais, e a Enide Vidal, diretora da Biblioteca de Fortaleza, por ter aceito "infringir" as regras da instituição.

Élodie Bécu e Carlos de Freitas agradecem a Idênia ter acompanhado sua pesquisa nas ruas do Conjunto Palmeiras e até nas salas de arquivos das bibliotecas; a dona Vandir e dona Fátima tê-los acolhido, alimentado e recebido com tanto carinho; a Marcelo, ter sempre ido às reuniões; e a Elenice e Jean-Jacques terem feito de Ice Point um maravilhoso ponto de encontro. Obrigado também a Aurenice.

Um imenso obrigado a Françoise, por ter acreditado desde o começo neste livro e nos ter apresentado Aurèle. A Aurèle, por seu apoio e sua escuta, e a Virginie por seu acompanhamento sorridente e suas explicações esclarecidas.

Obrigado a Audrey, por suas releituras múltiplas, pacientes e atentas.

Enfim, um imenso obrigado à Fundação Avina pela sua bolsa jornalística sobre o desenvolvimento sustentável que marcou o começo desta aventura.

Para contatar o Banco Palmas

Endereço: Avenida Val Paraíso n. 698
Conjunto Palmeiras – Fortaleza – Ceará
Brasil. Telefone: (85) 3250 8279; 3269 1547
bancopalmas@bancopalmas.org.br
http://www.institutobancopalmas.org

PRÊMIOS CONCEDIDOS AO PROJETO PALMAS

Prêmio da Fundação do Banco do Brasil de Tecnologia Social, 2005.

Prêmio Visionaris UBS, Ashoka, categoria Desenvolvimento Econômico, 2005.

Prêmio Transformadores, Revista Trip, 2007.

Prêmio Finep do Ministério de Ciência e Tecnologia, 2008.

Prêmio Empreendedor Social do Futuro, do jornal Folha de S. Paulo e da Fundação Schwab, 2008 (2º lugar).

Prêmio Objetivos do Milênio para o Desenvolvimento (OMD), concedido em parceria com o Programa das Nações Unidas para o Desenvolvimento (PNUD) e o Secretariado Geral da Presidência da República do Brasil, 2008.

Prêmio Orilaxê, Direitos Humanos, categoria Projeto Social, concedido pela Unesco e pelo Grupo Cultural Afro-Reggae, 2008.

Prêmio dos Objetivos do Milênio para o Desenvolvimento da AICESIS (Associação Internacional de Conselhos Econômicos e Sociais e Instituições Similares), 2013.

Impressão e acabamento
Gráfica e Editora Santuário

Capa: Supremo 250 g
Miolo: Pólen Soft 80 g
Rua Pe. Claro Monteiro, 342
Fone (12) 3104-2000 / Fax (12) 3104-2036
12570-000 - Aparecida-SP